图解服务的细节
087

チェーンストアの商品開発

连锁店
商品开发

[日] 渥美俊一　樱井多惠子　著

金好来商学院　译

人民东方出版传媒

People's Oriental Publishing & Media

东方出版社

The Oriental Press

/前/言/

　　商品开发是连锁店经营管理的重要环节，本书对其理想形式进行了系统性阐述，这在日本尚属首例。商品开发在内容上与产品制造商强调的产品规划（Product Planning）有所不同。

　　关于传统零售业从事的商品开发，学术界已经发表了数项研究成果。然而事实上，除了少部分真诚的学者所著的论述之外，大部分研究成果均未涉及欧美连锁店实例，而通常从日本全国性品牌（NB：National Brand）制造商的立场对连锁店产品开发提出敌对性论调。

　　这些论调主要集中在以下几点：

　　①零售商方面原本就缺乏生产相关的技术知识；②企业方面的产品开发策略与组织体制暧昧不明；③PB 商品不过是以低于 NB 商品的价格大量销售的粗制品；④PB 商品的畅销往往只

是昙花一现，自有品牌（PB：Private Brand）也与过去的"量贩店"一词一样，几乎沦为一种蔑称。

其实，连锁店经营系统始于十九世纪中期的欧美，以其独特的商品开发知识为轨道，向世界各国延伸，受到各国民众的支持，为人们的日常生活提供重要保障。但是，从商业活动的本源来看，日本也不遑多让，从三百年前的江户时代中期开始，江户日本桥的商人便致力于全国性的商品开发，守护着人们的生活。

无论是日本还是欧美，商业活动的具体内容均为从各个地区搜寻本国消费者所需的生活用品，将其转换为便于使用的形态后，运送到消费者的身边。

因此，商业活动的实质可以理解为：一方面在满足生活需要、提供便利的同时，确保商品的品质和功能，另一方面又要将价格控制在人们可以接受的范围，并从这两个方面与同行展开竞争。

为此，经营者在采购阶段，首先必须广泛、深刻地掌握商品原材料、加工方法、物流手段等精确的技术知识和最新信息。

针对此类商品开展调查、决策以及运用的一系列活动统称为商品开发销售策略（Merchandising：商品化决策），而经营者原本就是以商品化决策为专职的决策者（Merchandiser）。

明治维新以后，在富国强兵国策的推动下，原材料领域的产业革命与百货商店这一特殊的零售形式虽然在日本逐渐兴盛，但零售业与食品服务业仍然处于零星分布的状态，从社会地位上看，生产者位于上游，而流通从业者则位于下游。

一九六二年以后，笔者创立了"Pegasus Club"，以承载商业原本的社会使命为母体，旨在构建日本的连锁店产业，并致力于连锁店经营管理体系的构筑。商品开发可视为直截了当地表达商业活动实质的专业用语。

这次，我们基于当前人们所能达到的最高水平，最终明确了真正意义上的连锁店商品开发的部分原则。

早在四十年前的20世纪70年代，我们便已经开始进行类似于连锁店商品开发的尝试。由于缺乏知识和经验，创业初始可谓屡试屡败。之后，我们从英美两国的先进连锁企业汲取点滴经验，逐渐掌握了实现高品质、低价格、大利润的极佳商品开发模式。

从这种意义上来说，本书亦可谓是笔者所创办的连锁店经营管理研究会"Pegasus Club"的经验技巧集成。

如今，笔者主推的产品（PB）可以同类商品三分之一的零售价，使毛利率增长 5~15 个百分点，且适合作为企业的主打商品（批量化商品）。PB 产品能持续吸引固定客户群大量购买，其内容每隔几年会全面更新。

对于顾客而言，希望买到该店铺必不可少的某样商品，是促成顾客进入店铺的直接动机，而笔者主推的 PB 商品无疑堪当此任。

本书由日本零售中心商品策划顾问（Retailing Center Merchandising）樱井多惠子女士协助执笔第 5 章和第 8 章的内容，其他部分均由笔者完成。

最激烈的流通战争时代已然到来

2010 年 1 月

渥美俊一

目 录
CONTENTS

第 1 章
商品开发的思维方式

第 2 章

在日本和欧美的发展

第 3 章
基本概念的正确使用方法

第**4**章

在连锁店的商品开发中重要的
供应商开发（Sourcing）

第 7 章

售价与成本价

第 **8** 章

商品品质和选择的标准

第 **9** 章

开发进口的基本原则

第 10 章
货源确认的实际情况

第
1
章

商品开发的思维方式

1 // 商品开发的经营轨道

■ 以连锁经营为目标

简单来说，连锁经营是为了满足人们丰富多彩的日常生活，而不是为了实现企业的高销售额。

判断是否实现连锁经营，并不是取决于每年增加了多少个百分点或是增加了多少销售额。店铺数量、雇佣从业人员数对社会的贡献率和市场占有率以及贩卖数量，才是衡量连锁经营的重要标准。

因此，我们不得不重新审视到底什么才是"富裕"。

我是在 20 世纪 60 年代，决定在日本经营连锁店产业的。那时候是以美国的连锁经营模式为范本的。

"富裕"指的是：

经济民主主义
通过连锁店经营实现国民消费生活的应有状态。

自助式服务
一种使顾客能在短时间内自由随意购物的销售方法，但并不代表店方可以草草应付。

①占国民总人数八成以上的人们使用的日常用品，一年365天中300天都在使用的日常用品；

②时间、地点、场合、用途；

③事物与享受方式相分离（随着生活方式种类的增加）；

④日常购物本身成为一种享受。

虽然日本经常自夸"物产丰富"，但是基于上文提到的四个条件来看的话，完全是贫困悲惨的国民生活状况。特别是日本人每次购物都会引发不安、焦躁、后悔等一系列的消极心理现象。我们有义务对此现象进行反省。

正是因为这样，我才想通过连锁店经营模式，切实地提高大部分地区居民（或者居民区周围的上班族们）的日常生活水平。换句话说，连锁经营并不是针对部分特权阶层、富裕阶层或者说高收入人群的经营模式，也不是通过销售奢侈华美和高级兴趣性的商品来盈利的经营模式。

理解连锁经营的出发点，首先必须弄明白"富裕与贫穷"的区别。只有这样，才能够否定日本的现状。只有否定了日本的现状，才能够真正迈向连锁经营模式。

生产管理

对投入生产的所有物资（劳动力、机械、装置、原材料等物力、资金）进行综合调配，使企业整体的生产力得到最大限度发挥的手法。

IE

对没有明显数字指标的领域进行数字化。灵活运用各类调查手法，将企业的所有问题和现象进行数字化，并从逻辑上进行改善·革新的科学方法。

■ 应该提供的利益

连锁店能够提供的利益，不，是必须向日本国民提供的利益。有以下三点：

（1）商品的转变

①所有小商品的价格下调至21世纪初的三分之一（全球化标准）。

②质量和功能的协调（变更商品的特性和使用方法。商品生产不再是从生产者的角度出发，而是向使用者的立场转变。生产的商品也划时代地朝着方便、美味、美观、舒适的方向发展。）

这是江户时代传统商业的延伸，也是商业本来应该努力的方向。

（2）营业方式的转变

①自助服务

②超市化（大型化）

③便捷停车场

④便利的商业集聚（购物中心化）

⑤方便的店铺建筑构造

⑥一目了然的商场分类和店内布局

⑦限时购物

这些是 20 世纪后半叶以来，发达国家探索发明的新的经营方式。

（3）管理体系的转变

①商品管理的改革（尽量兼顾商品的数量和质量）

②工作与业务制度的转变

其中第三个课题是从根本上转变在管理方面存在的商业传统和习惯。因此，在公司内投入精力进行试验之前，应该先学习现在的发达国家的成功事例，然后将其好的方法引入公司。换言之，就是商业的工业主义导入。

也就是说，必须将 18 世纪末开始的工业革命中制造业的生产管理方法和 20 世纪初开始的工业管理学引入商界。如果不能做到以上这些，就不能确保流通世界的收益性，也无法实现持续发展。企业在规模扩大化的过程中衰落，很大一部分原因是企业推迟了管理体系的转变。

■ 基本的应对之策

在这种连锁经营的独特的意识形态之下，连锁企业应该致

OFF-JT
接受专职讲师的理论体系培训。

力于商品开发并朝着这个方向发展。如果不重视商品开发，仅是单纯的"产品开发"，或者仅是称作"提供方法的开发"的话，与原来的商品相比，只是改变了图案和价格，而这些改变都只是停留在表面。沿着上述轨道进行商品开发的话，有两个不可或缺的条件。

第一个是，要有200家以上标准化经营的店铺。现在的美国，这样的店铺有1000家，也就是说店铺数量已经达到四位数了。

第二个是，负责店铺现场经营的专业管理者（负责店铺盈利的有经验的负责人）的任务和具体的日常职务。换言之，就是要根本地改革责任和义务的内容。

这就是为了打破店长全权负责经营活动的日本国内的经营现状。到现在为止，经历了150年，在欧美建立起来的经验法则中，店长是指挥全局的人。这对于日本的店长来说，是新的任务转变。

转变的基础如下：

①10—20年的专业人才培养计划；

②通过数值实现简化管理的数表；

③作为行动指南的理论武装计划。

即便是上司号召年轻人进行商品开发，连锁经营模式的商品开发也没有丝毫进展。那是因为，这种做法会使商品开发等同于一概而论的推销，从而导致利润降低，最终走向赤字的窘境。

首先本书中想介绍的是，连锁经营模式中经历150年建立起来的"商品开发"是什么。

只要我们能够按照我们每一章叙述的课题，不断地朝着正确的方向改进，就能够达到与美国连锁店企业同等的水平。也有可能超过美国，实现更加优秀的商品开发。

2 // 作为商品生产者的连锁商店

■ 垂直销售规划（垂直陈列）

在连锁经营模式下，采用垂直商品供应计划（垂直销售规划）来管理商品，也就是追溯到生产阶段的商品开发。换句话说，虽然连锁商店属于零售业或餐饮业等，但也要从原材料阶段开始制订商品计划。

首先请看图表1-1的A图。在日本通常认为，在批发零售业和餐饮业的批发业之前还存在着生产者。生产阶段包括产品（消费品）制造业，原材料（素坯）制造业和原料（成为制造物品的材料的东西，一般指当成为产品时，材料的形状不复存在的东西）制造业三个阶段。但在这三个阶段之间又存在着各种各样的批发商和批发业。

图表 1-1　商品的流动——日本与欧美的对比

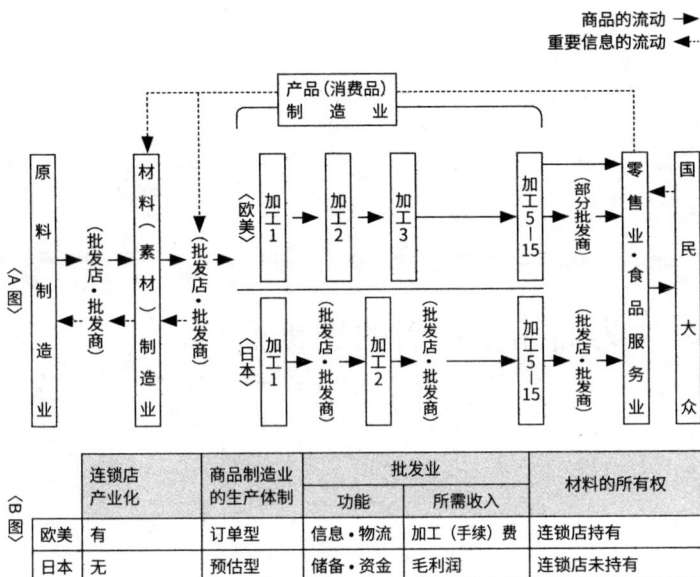

商品的流动 ➡
重要信息的流动 ⬅╌

〈A 图〉

产品（消费品）制造业

原料制造业 → （批发店·批发商）→ 材料（素材）制造业 → （批发店·批发商）

〈欧美〉：加工 1 → 加工 2 → 加工 3 → 加工 5—15 →（部分批发商）→ 零售业·食品服务业 → 国民大众

〈日本〉：加工 1 →（批发店·批发商）→ 加工 2 →（批发店·批发商）→ 加工 5—15 →（批发店·批发商）→

〈B 图〉

	连锁店产业化	商品制造业的生产体制	批发业		材料的所有权
			功能	所需收入	
欧美	有	订单型	信息·物流	加工（手续）费	连锁店持有
日本	无	预估型	储备·资金	毛利润	连锁店未持有

以下述为例，介绍一下产品的生产流程。首先要有承担棉花种植与采集工作的原料制造业，然后批发商从原材料制造商那里收购大量棉花，并将收购的棉花出售给纺织材料制造业。经过以上这一系列的流程，最终生产出了棉丝。通过棉丝批发商，棉丝被送给了加工者。加工者对其进行染色、编制，加工出布成品。布匹批发商收购布匹，然后又卖给缝制加工者。在缝制加工者完成对布匹的剪裁、缝制、添加扣子等一系列的收尾工作之后，才仅仅是完成了产品的制造。在产品的制造阶段，产品的加工要分成 5—15 个阶段进行。经过这一系列复杂加工之后，才能够作为商品，通过批发商出售给零售业以及餐饮业

毛利额

即销售总利润额。指从销售额中扣除商品销售原价后剩余的金额。卖场单位面积的毛利数值由买主负责，贡献盈余的数值由采购人员负责。

等行业。

■ 日美的产品生产流程的不同

在连锁店产业化经营的欧美，属于产品制造业的产品加工中的5—15个环节基本上都是采用代理加工的形式。这是因为A图右侧的零售业和餐饮业中有连锁店。这些连锁店直接从左侧的原材料制造业或者原料制造业那里收购材料。换句话说，连锁店为了拥有对原材料的所有权，产品加工的所有阶段都采用委托加工的形式。因此，即便是产品制造已经完成了，产品的成本价也仅是原材料费与产品加工费的直接相加。

但是在日本，因为没有正规的连锁店企业，所以在产品制造的整个加工过程中，每个加工过程的所有权都在转移。这导致每一个加工阶段的毛利和消费税成本上涨。

假如买入材料的成本是100日元，每个阶段的加工成本是5日元，共有10个加工阶段的话，对于零售商来说，成本价就是150日元。但是在日本，因为每个阶段的加工费上涨20%，当10个加工阶段完成的时候，成本价就变成了500日元左右。

所以，零售商无论怎样向批发商（A图右侧相邻的）压低进货价格，也无法与欧美的零售价格相比。而且，与拥有连锁店的欧美国家相比，日本的零售价格大约高出3倍多。

通过B图可以看出日本与欧美的不同。简单来说，在欧美，连锁店从原材料开始就拥有所有权，所以零售价格只有日本的三分之一。通常称欧美的零售价为国际标准零售价。

此外，从产品必备特性的信息流程来看，在日本，材料制造业严格把控产品生产，优先考虑材料制造业自身的利益。与之相对，在欧美，连锁店从消费者的角度出发，以"想要生产这样的商品"的口吻，强烈要求所有的生产者（A图中从右到左）生产满足消费者需求的产品。连锁店扮演的是商品生产者的角色。

■ 连锁店产业化的意义

像这样，通过垂直销售规划的方式，连锁店实现了正常的商品开发。换言之，就是通过构筑连锁店经营模式所特有的大众销售体系，来实现下面三大运动。这三大运动是：

（1）18世纪后半叶开始的第一次工业革命的修正运动

在商品化过程中，从由材料制造者主导的商品化生产向消费者主导的连锁经营产业转变。

FOB 价格

离岸价格，指卖方在出口港将商品装运上船后交付给买方时的价格。

（2）商业复兴运动

江户时代的商家才是真正的，以合适的价格向大众提供生活必需品，并以此来发挥商业在守卫人们生活方面的社会作用。

（3）减少资源浪费与提高效率的运动（节俭与提效运动）

在材料制造的各个阶段以及产品制造业中存在浪费生产现象，在完全制成成品之前也有大量浪费。即便是制成生活用品了，也会有卖剩下的时候。因此，提高这些废弃物的有效利用率，将会在减少地球资源浪费方面，迈出人类文明的一大步。

作为连锁经营模式的核心，"商品开发"的意义伟大而深远。

■ 给消费者带来的当下的弊端

在尚未形成真正的连锁店产业的日本国民生活中，存在以下五种弊端。

（1）最终零售价格过高

● 日本的零售价格（即便是当下的 2009 年）是欧美的 3 倍左右。

● 在连锁店产业化成熟的美国，零售价格一般约为 FOB 价格的 3—5 倍。日本的零售价格却是其 10 倍。因此，进出日本的

第 1 章 // 商品开发的思维方式　013

品目
顾客可识别的最小商品分类。从
使用的角度来看无需进一步细分
的最小品项。亦属数量管理上的
最小单位。

欧美连锁店在日本以 6 倍的高价，出售与本国相同的产品。

（2）**在日本，销售季初期的商品售价中，谎价商品过多。**

最后带来的结果就是，到销售季中途的时候，商品的价格
就大跌至不到原来的二分之一。

（3）**商品的品质和特性都是由生产方决定的，所生产的商
品并不具备消费者所期望的品质和功能。**

●高品质商品＝高成本的商品（没用的质量）

（4）**商品的多目的性和多功能性导致成本增加。**

●因时制宜、因地制宜的操作简单的单一功能的商品太少。

●因而并不能从多功能产品的增加中获得乐趣。

（5）**因同时使用多种商品而无法使多种商品协调搭配。**

●这样就无法受惠于现代生活中的快捷与舒适。

●每位顾客所购买的商品种类数也不会增加。(日本只有美
国的一半)

3 // 建立大众销售系统

■ 连锁店企业在半个世纪的角逐中分出胜负的重要原因

40年前我初次到访美国的时候，"雪佛兰"（Korvette）正以破竹之势席卷零售业界。当时的打折店（DH）就是后来新型折扣店（DS）的前身。紧接着我又被东部的"两个家伙"（Two Guys）和西部的"白前"（White Front）的揽客能力震慑了，而且还被（Zodys）服装卖场的魅力所吸引。

但是到了20世纪70年代，出现了许多像Sears、Penney之类的大众型商店和Woolworth等多样化经营的商店。这些商店的商品拥有独家品牌且凌驾于其他商品之上。其中，欧洲以Marks & Spencer和C&A为代表。

Double Chop Brand

带有制造商品牌名称的连锁店 SB（店铺品牌）或 PB（自有品牌）。以制造商惯用的材料或制造方法为前提，由连锁店制订规格明细进行大量生产的商品。

到了 20 世纪 80 年代，原先的企业开发能力低下，委托加工生产商拥有主导权，出现了很多双规格品牌（Double Chop Brand）商品。因此，折扣店的新兴势力开始被 Kmart、Target 等的商品开发能力超越。同时，在欧洲，Carrefour 等大型超级市场脱颖而出。然而进入 20 世纪 90 年代，就连原先的 K 超市和进入美国市场的 Carrefour 都惨败给折扣店中的沃尔玛（Wal-Mart）。

40 年前曾在超市业界居于首位的 A&P，被直接经营并积极进行商品开发的 Kroger 和 Albertsons 取代。在英国，曾经名品层出的 Sainsbury 和 Safeway 被新兴的 Tesco 取代。

进入 21 世纪，在食品和非食品两大领域中居于霸主地位的是沃尔玛公司。紧随其后的是：非食品综合领域的 Target，服装领域的 H&M（Hennes & Mauritz）和"趣味之家"的 IKEA。

成败之关键在于连锁店的商品开发能力的高低。以前企业的业绩取决于企业的管理能力。但在当下商品流通的时代，企业经营管理体系以及与之相适应的人才质量的差距已经缩小。因此，商品开发能力成为左右经营业绩的原动力。沦为失败者的原因有两个：

毛利率
即销售总利润率。指销售总额中毛利额所占的百分比。

备货
商品的品种结构，即商品种类与陈列数量的组合。作为影响销售额的两大要素之一，与售价一同左右商品的销售成绩。

①未致力于本公司直营的商品开发；

②即便是致力于商品开发，也存在惰性化。

■20世纪后半叶的流通业的"光"和"影"

回顾第二次世界大战之后，也就是20世纪后半叶以来约60年间的日本流通业，请看图表1-2。此图表是关于曾引领时代潮流，每10年循环一次的零售业的经营特征的图表。

图表1-2　引领不同时代的零售业典型特征

20世纪50年代	商业道德至上型（明码实价销售运动盛行的时期）
20世纪60年代	定价崩溃型·新型（第1次价格崩坏时期＝降低一到二成）
20世纪70年代	教育机构强化型·计数制度型（第1次合并时期）
20世纪80年代	积极投资型（店铺超级化时期·新商圈林立时期）
20世纪90年代	＜萧条期＞企业重组型·新物流系统型
21世纪初	＜萧条期＞以商品开发决胜负型（全面价格崩坏与品质变革＜此消彼长＞严峻化时期）

但是最近20年，经济一直不景气。并不是真的不景气，而是因为现有的大公司陷入经营低谷，整体业绩开始下滑。

有以下八个原因：

①大公司使价格区间和毛利率升高。（正如美国的 M.P.Mac-Nair 教授的零售论中所说的那样，存在惰性化倾向）

流通革命

指连锁店自主承担风险构建并运营大规模商品供应系统（Mass Merchandising System）。从商品原材料的集中采购到产品加工、栽培·运输·保存直至到达消费者手中的各个环节均由连锁店自主设计开发（Produce）。

②因为大型超市（店铺面积的大型化）超出经营者势力范围，所以出现商品种类弄虚作假的现象。（拉筋致死，乐极生悲）

③完全依赖强有力的供应商的提案。（因为是生产者本位制的商品种类，所以在固定的商圈里不可能出现多样化的店铺）

④在与其他同行的眼前竞争中失去判断力，无视投资效率的过剩投资增加。（资本的收益性低下）

⑤过分依赖电脑反馈的数据和图表，曾作为扩张推进力的经营管理计数制度崩溃。（数表分析能力停滞）

⑥收益第一主义偏向了营业额第一主义。（成本管理能力下降）

⑦因此干部的部分评价方式带有印象主义倾向。（有 20 年以上工作经验的老员工并没有职务分工，偏离数值责任制）

⑧连锁店流通革命时期的难得的创业机遇逐渐减少。

换句话说，流通业或是零售业已无法完成它们的社会使命，即无法全方位地向国民大众提供生活消费品。那是因为开始依赖于实力强、服务好的供应商（大型供应批发商），而且开始草率地经营商品集聚和商品开发活动。这是与集聚人类智慧，进行商品创造和商品供给的轨道相违背的。

批量（Mass）

大量。以单一品种（或单家店铺）为单位有规划地进行大批量标准产品（或标准店）的处理（经营）。其中，大批量具体是指区别于传统模式，采用新的生产·流通系统，使商品数量能够满足大幅度降低成本的需求。标准产品（标准店）是指详细确定具体内容，使商品品质（管理）和功能维持在一定水准的商品（店铺）。

■ 应该明确四项经营课题

但是，进入 21 世纪，日本的流通业发生了很大的变化。

志在以商品开发取胜的企业走在新时代的前端。

如果现在从店铺的扩张速度和经营效率方面对企业做一个对比的话，企业间的差距就是商品开发能力。那是因为，连锁商店自己开发的店铺品牌以及自有品牌不仅是区别于其他公司的关键，也会拥有一定数量的固定来客量。

关键因素与以下三点有关：

①如何打破现行的零售价格；

②如何革新正在开发的商品的质量和功能（对消费者有益）；

③在商品不售罄的情况下，能否确保大众化销售量的平稳趋势。

换句话说，成功商品开发的第一个阶段是大幅下调商品的价格，第二个阶段是革新产品的质量和功能，第三个应该挑战的难题是商品的持续集聚。几十年前宣扬的"批量采购、批量出售、批量消费"的口号都是纸上谈兵。

批量销售的商品，首先是价格低。此外，产品的质量问题，也可以通过连锁店经营的不懈努力得到解决。但是，即便是批量销售可以实现，还有最难的最后一关。那就是持续性地、扩大性地集聚货物（调配货物），也就是持续地大量采购。比商品开发本身更加困难的就是构建货物调配系统。连锁店的核心领导必须有这种觉悟。

因此，现在应该明确的经营课题，可以说就是以下几项：

（1）如果只提高商品管理能力，将采购零售商的毛利限定在35%的话，最终会在竞争中被淘汰。

（2）只有真正的商品开发，才能成为激烈竞争中的真正武器。

（3）特别是在低价竞争的时候，在确保收益的同时，为了进一步实现连锁经营，就必须实行真正的商品开发。

（4）不久的将来，海外先进的连锁店不断进入日本，NB的商品开始低价竞争的时候，日本商品与之对抗的唯一手段就是商品的开发能力。

涉足日本流通业的人们现在就应该认清这四大课题。

我认为高级管理是否对这一领域起作用，主要取决于以下两方面：

（1）能否充分发挥公司内部的优秀人才的作用；

（2）是否有足够的预算进行现场调查和教育培训。

■什么是市场拓展

在阐述经营学和流通方式的时候，有两个必用的代表性用语，一个是市场拓展，另一个是销售规划。一般人并不能明确指出这两个专用语的区别。正因为如此，连锁经营才不容易。

在连锁产业经营法则中，市场拓展意味着要考虑什么才是满足市场和消费者需求的商品，以及如何提供这些商品。

但更重要的是，谁是消费者？

因为在学术理论中，消费者是具有不同生活方式与意识形态的人们，所以应该根据生活方式和意识形态对消费者进行细分，然后提供与之相适应的商品。这就叫作"分众论"或"少众论"。因为是细分，所以无论哪种群体，都是少数派。基于这种思想，分别为不同的群体准备与之相适应的，具有不同质量、功能以及审美意识的商品。但是，如果一味地对多功能商品进行少量化生产，商品最终会变成刻意的多功能商品。"务必采购顾客要求的商品"的思想甚至成了商店的阶段性努力方向。这种思想带来的结果就是商品的种类无限地增加。

但是为大众（八成的人们）提供一年365天反复使用的、通用的实用商品才是连锁店商业的业务。

图表 1-3 消费者财力分布调查

"＿＿＿"表示连锁店的目标客户群

(A) 财力分布
(总务省"2008年家庭收支调查表"调查数量为7818户)

家庭年收入	分布率	月消费支出
万日元	%	平均·万日元
—249	7	11—18
250—299	6	18
300—449	25	21—24
450—649	26	25—30
650—999	23	31—40
1000—1249	7	40
1250—	6	43—52
平均	—	29.7 万日元

(其中 25、26、23 合计为 80，6、25、26、23、7 合计为 81)

(B) 劳动者工资金额分布
(国税厅"民间工资金额情况统计调查"2008年)

年工资金额	分布率（%）
100 万日元以下	8.9
200 万日元以下	15.6
300 万日元以下	17.5
500 万日元以下	31.7
800 万日元以下	18.3
1000 万日元以下	4.1
1000 万日元以上	3.9

(其中 17.5、31.7、18.3 合计为 71.6，8.9、15.6、17.5、31.7、18.3、4.1 合计为 83.1)

注：299 万日元以下的家庭户主平均年龄为 60 岁以上。

所以，商品管理特色就变成了增加顾客群的高频度来店型、商业圈人口缩小型的商品种类管理。也就是与原来的分众论或少众论思想完全相反，转变成了大量消费型商品。

顺带附上一张关于八成人的概念图表，如图表 1-3 所示。

这层消费人群的消费倾向不易受流行趋势的影响。因此，那些具有特别审美意识、敏锐搭配感，走在时尚最前沿的人们并不是连锁店的服务对象。连锁店的商品都是可以整体搭配的商品种类（易搭配型商品）。无论如何选择与搭配，都不失为一种美。而且无论是谁都可以很轻松地使用连锁店出售的商品，不需要特别的教养和生活经验，使用时也没有什么特别注意事项。这才是人们所寻求的实用品。

热销产品
受市场欢迎、销路顺畅的新产品。
正面
商品的外观。随着顾客视线角度的变化而呈现不同的大小或形状。

商品陈列
货架陈列台上正面摆放的商品数量。货架陈列方式则是指根据商品种类决定商品的陈列位置和正面摆放数量。

■什么是销售规划

在日本的零售业界，这一词指的是"商品种类"，也就是英语中的"分类"一词。

那么在英语中这一词到底是什么含义呢？答案是"商品开发"。商品开发大致分为产品开发和供应方法开发。

前者的产品开发包括商品的质量、功能，价格，运输与储藏等形式和方法；后者的供应方法包括店铺现场的规划（分类、关联卖场、布局、店面、店面数、订购及辅助手续），现场维护管理方法及促销（广告）等广义的技术问题。大致包含三种对策：（1）变更经销商；（2）变更供应商；（3）变更贸易条件。将在下文阐述这三种对策。这些对策包括成本结构的变更和必要的质量及功能的变更。当然，不是与现有的贸易对象进行交涉。这是一个不进入全新的采购活动就无法开展的经营课题。不仅是商品部门和店铺运营部门的干部的激情不能被激发，连店铺现场店员们的激情也不能被激发。

一直以来，在日本流通界，特别是在零售业界，一贯实行的都是市场拓展性的采购方式。但是，改变传统的采购方式，采用销售规划模式，才是真正的商业活动形式。

单品（SKU）
对于商品生产者或流通行业而言的最小分类。POS 系统的处理单位。

风格（Style）
在外形、式样、作风等方面能够区别于其他商品的形式。

■ 今后的三个方向

在连锁店的商品构成上，有以下三个努力方向。

第一是增加的〇〇数量；第二是减少的〇〇数量；第三是保持数量稳定，使其不增也不减。

在这三个方向中，每个努力的方向都是截然不同的。在现实的企业经营之中，经营方向也因人而异。即便是在同一家公司，因所属部门、工作经历以及年龄的不同，主张实行的经营方向也是完全不同的。而且被褒贬也是常有的事情。

因此，在当下的 2010 年，连锁店经营应该增加的内容，应该减少的内容以及应该保持不变的内容具体有哪些呢？图表 1-4 对其进行了分类。这才是每个企业在经营方面必须统一努力的方向。

首先应该减少的项目（a）有六类。但是与之相反，这些项目在大多数日本店铺中呈现不断增长的趋势。

例如：

①实际上单品的数量和种类每年都会增长一次。确切地说，应该是每十三周都会增长一次。

②在大多数商店中，商品的款式、颜色以及食品的口味也

图表 1-4　商品结构的努力方向

```
                                    "___"用于提示区分单品与品目
(a) 减少：    ①单品（SKU）数量、品目（item）数量
             ②风格数量、颜色数量、味道的种类
             ③产品线（价格范围）的数量与范围
             ④价格线（售价的类型）的数量
             ⑤以品种为单位的短期（1—3 天）特价销售
             ⑥以品目为单位的"每日特惠"＜取消＞
(b) 增加：    ①相同价格的品目数量（不同 taste 的品目）
             ②面向不同体型·年龄层的尺寸（规格）数量
             ③各种畅销品目的陈列量（与销售量成正比）
             ④生产开发的畅销品目数量
             ⑤相互协调的品种数量与品目数量
             ⑥单种大量陈列（重点销售）的品目数量
(c) 统一：    ①商品结构图表的形状与位置
             ②购买（使用）频率
             ③（非食品）品种间的颜色
             ④（食品）成分标注的细化程度
(d) 创造深度（depth）与广度（width）
```

在不断增加。

　　一方面是因为生产商盲目开发新产品并强制卖给零售商；另一方面是因为零售商也觉得商品种类越丰富，顾客就越多。所以零售商就不由自主地去购买那些新产品。然而事实并不是这样。经过我们过去半个世纪的验证发现，"丰富"并不是前文所叙述的那样。

　　这次请看一下应该增加的六项（b）。这些难道不是很多企业正在缩减的项目吗？此外，应该保持稳定的那些项目确实处于一种平衡状态。

因此，在连锁经营中，无论是与商品问题相关的领导还是专门的负责人，都必须谨记一个经营之道。那就是在本文中提到的"三个应该"，即"应该增加什么"、"应该减少什么"和"应该保持什么"。而且，这些内容在公司内部也必须经常以资格考试制度等形式，进行严格的考核。

此外，技术难题（d）指的是商品构造方面的"深度挖掘"和"广泛开发"。详细解释请参照拙著《商品结构》(实务教育出版刊)。

第 2 章

在日本和欧美的发展

1 // 商品对策的历史轨迹

▓ 商业就是商品集聚业

商业原本是为普通民众提供日常生活必需品的，具有社会功能的商务。

虽然货币史与商业史是同时开始的，但是商人要想集聚生活用品，必须掌握以下两点基本信息。第一点，商品必须具备什么样的品质和功能；第二点，谁在什么地方生产这些商品。现在的一些零售商以及餐饮服务业的买主，都是在没有掌握要购买商品、材料以及售卖工具的信息和基础知识的前提下，就购买了上述的物品。这种购买方式是荒谬的。

因为这种集聚生活适用品的商业活动，在初期阶段往往就近实行调查活动，所以是一种在附近地带实行自产自销（打着

"本地产品本地消费"的行政口号）的商业模式。

但是随着货币流通量和流通范围的扩大，调查和收集活动也向更远的区域扩展。因为为了充分满足人们对生活必需品的欲求，从事与之相适应的商业活动的事业体也在不断地扩大规模。

在 16 世纪的日本，织田信长和丰臣秀吉能够称霸全国，有一个很重要的原因，那就是他们开设了"乐市乐座"，实行跨区域公认商业活动的善政。之后的江户时代，实行的是"幕藩体制"，这是一个典型的封建制度。在幕藩体制下，住民在大名的行政区域内受到极端的制约。但是商业活动却是跨越行政界限进行的。

在江户日本桥区域，鳞次栉比的商家开始从全国各区域进行商品挖掘、商品集聚和商品流通活动。不只是在日本国内，通过"朱印船贸易"，不仅与中国、韩国有贸易往来，甚至还形成了一个覆盖东南亚、中近东以及欧洲的商品集聚贸易网络。

■ 真正的商人是商品生产者

商家作为"禄米商人"，从大名那里赚取金钱。所以像其他赚钱能手一样，在日本容易被理解。但是从那时候开始，这种

"御用商人"被否定，"真正的商人"这种理想模式开始受到推崇。换言之，为提高民众的日常生活而推行流通改革的商人才是受尊敬的商人。

越后屋（现在的三越百货店和三井物产）的创始人三井高利是日本流通革命的先驱。屈居第二位的是高岛屋（现在百货店）的创始人饭田新七。

三井高利出生于三重县松坂市，与我是同乡。他开启了木棉商和金融业的时代，在江户时代开设了店铺。他完成的改革的内容是：

（1）打破价格。将绢吴服的零售价一次性降低三分之一。

（2）转变营业方式。不仅转变店内的陈列摆设，实行不赊账标价买卖，还进行布匹交易。此外，还提供零售交易，当天缝制衣服，三天退换商品等眼花缭乱的服务。

人类社会在20世纪才确立的全球化商业道德规律，早在三四百年前的16世纪70年代就实现了。

这个划时代的组织探索出了一条降低成本的途径。即通过将购买的同一规格的织布机借给织工，来达到低成本大量生产的目的。

他们发挥着将当时特权阶层的贵族和武士阶层的生活财富，

图表 2-1　江户时期的商家"流通革命"

(a) 越后屋（三越）创始人
三井高利的经商方法
[1673 年（延宝元年）]
①以大众化商品为主力
②（通过预付、加工机租赁、有效利用进口材料等手段）破坏市场行情
③坚持薄利多销的原则
④概不赊账，明码实价
⑤小规模少量销售
⑥当天制作
⑦退货自由
⑧店内销售（×上门推销）

(b) 高岛屋创始人新七遗训
[1831 年（天保二年）]
①保证商品质量，低价出售，兼顾买卖双方的利益
②准确告知顾客商品的品质，不得弄虚造假
③平等对待每一位顾客（不得因收入或地位的不同而厚此薄彼）

普及给市民及农民阶层的作用。也正是因此，才实现了我们今天的大众化和实用化商品路线。

图表 2-1（a）中，无论哪一项，都是流通革命和大众销售中的典型范例。这些成功的范例都源于 19 世纪后半叶在欧美被培植起来的连锁店经营。而且，高岛屋的创始人饭田新七从（b）中推断，六十年之后将会重提经商之道。简而言之，江户时代的商人是从原材料到产品加工，全程负责的商品生产商。

■ 在美国的开端

美国流通革命的萌芽实际上是美国独立战争的开端。

美国独立战争的开端是 1773 年的波士顿茶会事件。实际上，18 世纪 60 年代，曾是英国殖民地的新加坡、马来西亚、缅甸、印度等国对英国经济做出了很大贡献。美国却没有发挥什么作用。英国评议会对美国仅是开始在砂糖和红茶方面进行征

税。而且，18世纪70年代，英国的国家公司东印度贸易公司，单方面抬高了出口到美国的生活物资的物价。因此，波士顿的市民发起了暴动，将东印度公司货船上堆积的红茶箱扔进了海里。当然，英国本土发怒，派遣了军队镇压1774年暴动。为了抵御英方的镇压，参加"大陆会议"的殖民地居民义勇军迎击而上。这就是美国独立战争。第二年义勇军获胜并发表《独立宣言》。

大众必需品的价格受人为操作，市民为打破这种不合理的局面而战。美国也是因此而建国的。

进入19世纪，美国零售业为了集聚大众生活必需品，冒险开始进行全球化贸易活动。

1859年创业的The Great American Tea Co.（后来的A&P）公司开发了远销地球另一侧的斯里兰卡岛的红茶自营品牌。仅20年间，连锁店就达到上百家。1910年以后超过1000家，1930年的时候突破15000家。

此外，目前称霸美国SM业界的Kroger和Safeway等大连锁店也纷纷着手，从栽培阶段开始进行红茶、咖啡和小麦的商品开发。当然，从物流方式到零售店铺内卖场的制作，全程贯彻公司的体系结构。并制定各种各样的细则，作为经营管理的信

条来实行。他们在 19 世纪后半叶，率先在公司实行标准化管理
体系。

■ 19 世纪后半叶的欧美动向

1844 年在英国开始了消费生活合作社运动。关于从消费生
活合作一号店铺开业以来的思想，兰开夏（英格兰北部地处奔
宁山脉西侧的郡）的 Society of Equitable Pioneer 先驱组织给出了
下面的解释。指的就是 Rochdale 宣言中定义的，从生产符合生
产者利益的生活用品，向生产符合消费者利益的产品转变的
思想。

在这样的背景之下，出现了下述情形。

最初，在 18 世纪初的英国，石灰和水利等大能源被利用，
在制铁和纺织领域开始工业化，这些企业在 19 世纪中叶都成了
大企业。

这次工业革命给人类文明生活带来了巨大便利，比如材料
成本的削减，品质的固定化。但是另一方面，为了维持设备方
面的巨额投资，不得不超量生产。为此，大规模化的产品制造
业必须无限增加商品的种类，使产品制造业的各个阶段逐渐资
本化。所以，大众买到的成品商品都带有多功能却不实用的特

点。多功能化的商品对于那些想专功专用的用户来说，就变成不易使用的商品了。而且商品的功能增加，造成成本大幅度增加，最终的零售价格也会无限升高。此外，生产剩余的商品的降价甩卖，会导致消费者对商品价格的信赖程度下降。

打破这种格局的运动称为消费生活合作社运动。

1852 年，Bon Marché 总店在法国的巴黎开张。吉卜赛出身的亚里斯泰迪斯（Aristide Boucicaut）创办的廉价大众实用品店，是把当时巴黎街头的马厩改造而成的店。虽然后来号称世界第一百货商店，但与我们今天所谓的百货店完全不同。因为那是一个将衣物生活必需品和家庭杂货综合起来的商店，而且商品价格非常低。

因为生产这些商品的工匠都是价格垄断组织之外的局外人，所以这个生产体系能够生产满足消费者需求的商品。

这也否定了生产者支配商品价格和单方决定商品品质的权利。消费者才是商品生产者。

在美国横贯大陆铁道开通和南北战争之后，工业革命迅速发展的两大社会经济大动荡时期，餐饮服务连锁店中排名第一的 Fred Harvey 店铺开始（1876 年）购食材产地。Frank Woolworth 的 VS 和 Richard W. Sears 的 GMS 快速推进了包括决定生活用品选材，品质功能及产品加工全过程的说明订购体系。

他们的目标是清除材料制造中的随意性，使商品真正具备消费者所需要的质量和功能，并制定合适的价格。所以，产品的垂直生产业务成了营业活动的支柱。这一时期尚未见到 NB 制造商和强有力的供应商。

▓ 20 世纪 NB 制造商的出现

如今称霸消费生活领域的就是所谓的 NB 制造商。

但是令人惊讶的是，当中的龙头企业出现得格外晚。亨利在 1903 年发明了 A 型车，福特在 1908 年发明了 T 型车。在此之前，这个领域一直都是空白。

值得关注的是，当时的乘用车大多都是面向贵族和富家公子哥的高档奢侈品，但是福特旨在发展大众乘用车。所以零售价格为原来的三分之一（与之前法国的廉价百货店和日本的越后屋一样）。这是一种流水作业的生产方式，是福特在模仿以前的 Sears 公司的家庭购物的小包打包体系。

20 世纪前半叶，也就是第一次世界大战前后，是欧美连锁店爆发式的增长时期，同时作为其他零售商的政治性反击手段，开店制度也被强化。但是在 1940 年（日美开战前夕），美国撤销了所有连锁店的禁令。因为在 1929 年，连美国联邦政府和地方自治团体都无能为力的大恐慌时期，连锁店产业界在价格、品质和数量三方面守护国民的日常生活，赢得了国民的普遍认可。人们觉得，比起政府，连锁店产业才是能够守护国民日常生活的组织。美国的连锁店实现了经济上的民主主义。

另一方面，在日本，从 1956 年制定第二次百货店法以来，日本的连锁店业对社会的贡献一直未得到认可。这是不可否认的事实，对此我们应该认真进行反省。

▤ 第二次世界大战之后

第二次世界大战结束之后（1945 年），美国的零售业凭借强有力的供应商的支持，致力于百家连锁店规模的百货店和号称拥有九成以上自主研发商品的 GMS，以及 SM 三大势力引人瞩目。

所有的商品价格都不像日本的那么高。百货店的商品是中低等价格，而 GMS 和 SM 的商品是高等流行价格。

与之相对抗的是新兴势力中的生活必需品的生产群体。分别指的是衣、食、住三大领域。他们是席卷世界范围的第二次世界大战的军需用品供给源，是此次大战中军队及军属生活用

价格范围（Price Range）
价格带。不同品种售价上限与下
限之间的范围。

品的生产者。他们在武器生产方面，不仅技术先进，制造能力
也趋于近代化。生活必需品的规模化生产居世界第一，而且产
品非常实用。当然，战后的销售对象是民间大众。这是与当时
美国连锁店业的价格幅度相适应的价格。

因此，在20世纪50年代到60年代期间，军需品制造出身
的生活必需品的生产商一下子成了大企业。连锁店卖场陈列的
商品沦为他们陈列面积争夺战的战场。制造者的市场拓展战术
就是扩大本公司商品的陈列面积。

带来的结果就是雷同商品的恶性增加，甚至还出现了价格
战。20世纪70年代，因为新兴的连锁店开始参与商品战略竞
争，所以连锁店迎来了第二个商品战略的创造性时代。又回到
了19世纪后半叶和20世纪前半叶的商品对策的原点。

接着，在20世纪90年代的大变革时代，美国的连锁店迎来
了国民品牌（NB）与本地品牌（LB）的价格战时代，和商品战
略（PB）中的质量革命（提出新的功能）时代。

进入21世纪，在美国，NB、LB、SB和PB在发扬各自优
点的同时进入了"共存共荣"新时代。但是也存在平衡状态被
打破的一触即发的风险。只要错一步，就会引发其他制造商和
零售连锁势力的抬头。

但是不能忘记的是：

（1）全部面向大众，在日常生活领域，也就是在基本的生活必需品领域实行变革。

（2）即便属于生产者一方，也要站在消费者立场实行质量和价格的竞争。

（3）从原材料到加工制作，物流以及销售方式都呈现出一体化经营模式。

只有具备以上三个条件的企业，才是那个时代的胜利者。这并不是生产者与连锁店的竞争，而是围绕大众日常生活的便利性的竞争。

2 // 最重要的战略性课题——商品开发

■ 生产者与连锁店的相互制约

回顾历史，连锁店的商品对策呈现出以下特点。

（1）在初期，因为生产者的力量微薄，商人本身直接统筹规划生活消费品的生产、流通及消费等全过程。

（2）但是如果作为生产供应商的产品制造业和原材料制造业，能够适当地生产和供应大众消费品以及生活消费品的话（特别是第二次世界大战之后），连锁店就会原封不动地接受他们大半的努力。

（3）如果依据生产者的情况来决定质量和价格，商品的价格和质量就会变得不正常。一旦连锁店取代制造业，致力于开发取代他们商品的新产品的话，就又会重复历史上的双方角逐的情况。

因此，连锁店在某个时期与生产者是相互依存的关系，又在另一个时期与生产者在消费市场上是相互对决的关系。并且按照此种模式进行不断的循环。

区分到底是"共存共荣"还是"一分高下"，标准并不是企业或者业界的销售额和收益性。通常是根据是否对国民生活有益来判断的，是一种客观的判断标准。这才是真正的市场拓展思想。

■ 什么是丰富性

像这种在日本流通业，不只是零售业，批发业、批发店、制造业和生产者都易误用的术语，有必要从连锁店经营的角度重新进行审视。

首先我想举的例子是像"丰富的商品种类"这样的标语。无论是学者还是经营者，包括公司的骨干力量都不由得认为商品的种类应该丰富。

但是，这里所说的丰富并不同于数量上的多。因此，当我们询问关于数量的问题时，几乎无一例外，都是语无伦次的回答。

图表 2-2 "丰富"一词含义的历史变化

公历	20世纪60年代	20世纪70年代	20世纪80年代	20世纪90年代		21世纪初
增加	部门数量	品种数量	品目数量	畅销的品目数量	装饰性品种与品目数量（在实用品中）	生产开发的畅销商品的品种数量与品目数量
现状	仅在购买频度相同时增加	仅有 3 个品目价格合理	仅有 3 个品目价格合理			
	仅在规模合理时增加	仅增加装饰性商品	仅关注畅销商品			

没有用"商品种类的数量多"来解释说明的，而是用"这是无论是谁都应该明白的"这样的解释来搪塞敷衍。

我从 50 年前身为新闻记者深入这个行业开始，就不得不深究这个词的意思。因此深究"丰富"一词的意思，也是我研究流通和商业经营的开端。经过半个世纪的研究，我认为这个术语的意思应该因时势而异，经营战略也应该随着时势的变化而变化。

首先，请看图表 2-2。正如图表所示，在日本 Retailing Center 开始开展活动的 20 世纪 60 年代，我提出的关于商品的经营战略是增加部门的数量。

当时的时势是这样的。虽然一般人们的生活水平处于战前的延续状态，但制造业的各个领域却像欧美那样，致力于生活必需品的生产，划时代性的新产品层出不穷。作为应对之策，我提倡效仿在美国以压倒性的势力成长起来的 SM、DS、VS、HC，以及 DgS 等店铺，扩大以综合性、大型化的生活服务商店为目标的部门的数量。

大店法
1974 年开始实施。正式名称为《关于调整大型零售商店零售业务活动的法律》。2000 年被大店立地法所取代。

畅销商品
销售量极大且库存数量合理的商品。10%以上的顾客选择购买的单品。

极力主张在企业中增加物品的种类。这类企业是指在 19 世纪 70 年代，为超越百货店，在零售业群体中实行增加各部门商品种类的措施，并且在 20 世纪 80 年代实现规模扩大的企业。当时所见的 POS 收款机所带来的 POS 数据的活用也是有用的工具。

■20 世纪 90 年代的转机

但是以 20 世纪 90 年代为界，情况完全变了。积极扩大规模的革新企业群不仅受到大店法的制约，而且店铺的扩张也已达到饱和状态。年销售额超过 50 亿日元的大型商店也开始出现破产现象。

大商店经营开始向连锁店经营转变，经营战略与经营方针也突然转变。

应该增加的并不是所有的部分，商品的种类以及品种的数量，而是畅销商品的种类及数量。换句话说，彻底的商品管理以及按照事先试生产、试使用、试卖这样复杂的步骤来扩大畅销产品的范围，这才是经营之道。

这是与 30 多年来努力方向完全不同的，复杂的转变。许多企业没有实现 20 世纪 90 年代的转变，2010 年的今天也尚未完成转变，所以在商品结构上存在很多弱点。总之有很多企业没有克服 20 世纪 60 年代以来的长期的惰性，认为只要增加商品的种类就可以。

但是进入 20 世纪 90 年代后半叶，竞争状况开始呈现出新的形势。由于国际性的通货紧缩，日本的流通业界也进入了低价竞争时代。为了摆脱这一窘境，开始进入商品开发优先的时代。

而且，进入 21 世纪，商品种类的存在方式完全成为划时代性的新课题。新的"整体格调"这一概念成为主流。这是美国的连锁店从 20 世纪 80 年代开始挑战的，具有全新的丰富性、享受性和收益性的建议。这样，应该增加数量的领域也发生了很大的变化。

所以，我们反复举行的，关于连锁店商品种类的，研讨会的教材内容也要随之改变。当然，教育工作者至少每 10 年需要学习一下珀伽索斯的同名研讨会。在企业内部也必须重新选定需要接受教育的人。因此，有很多商品部门的干部参加过五次以上关于商品策略的研讨会。

■ 日本的现状

接下来，请看一下日本成功的商品开发事例。

作为连锁店经营顾问，我们经常会把在食品业方面受欢迎的油炸饼（也叫可乐饼）作为成功的实例。这可能会令人吃惊，因为太贴近我们的日常。

但是在全国许多 SM 和便利店中，在当日进店的顾客中，极少见到有一成以上的顾客购买本店的可乐饼的。如此压倒性的大众化商品存在技术性的难题。原本可乐饼是大众日常生活中的传统畅销品。对日本人来说，无论是在战前还是战后，可乐饼在日常副食品中的销量都是第一。如此一来的话，作为食品零售业，就应该设法让可乐饼成为每日销量最多的商品。平常的工作日，每天的销量不超过 100 个。SM 每天有 200 人到 500 人的顾客，但每天的销量却只有 10 个。但是无论是地方还是城市，总有一到两家店，每天的顾客量不止一成，甚至能达两成以上。相当于每天连续卖出 600 个以上的可乐饼。

这绝对不是用冷冻食品生产商供应的现成的可乐饼炸的，也不是副食品卖场的橱窗里的工作人员用高级实用油炸的东西。大众化贩卖的可乐饼，一定是能干的买家多次寻访世界各地的土豆产地，在特定的时期直接去田里收购，然后以特别的保存方法进行储藏以保证可乐饼的品质；是具有独自销售规划的产物，也是从原材料阶段就拥有所有权的，垂直销售规划的结果；并不是门外汉在厨房里，手工制作的副食品。

可乐饼本来就是脍炙人口的大众化产品，所以食品零售连锁店必胜。这也可以说是连锁店商品开发的范本。

SM 店也一样，每天出售的蔬菜种类有 200 到 400 种，但想要买的只有一两种。袋装的土豆和黄瓜并不是以袋中的个数来计算的，这样的话就不知道是否真的卖了 200 到 400 袋。如此一来，大众化的蔬菜种类当然就不是附近批发市场上，当天早上整理出来的商品种类了。不用说，也不是每天早上从中介那里收购来的。寻求满足消费者口味的原材料产地，在原产地探讨种子、培育方法及收获时期，然后在收获季节直接去田里收购，并在收购后的三个小时之内迅速将其冷却，进行冷藏运输与保管。这一切都归功于公司多年努力建立起来的冷藏连锁系统；不是每天早上 7 点在店铺附近的水果蔬菜市场派遣几名自称买家的人，也不是购买农产品联合会推荐的特产地的东西；并不是以是否属于附近老百姓自己生产的东西来判断的。

目前为止，我们一直在细谈的垂直销售规划的结晶，可以说是每天在店里实行大众化销售，这才是真正的商品开发。

以这种方式，在日本的食品领域，逐渐生产出来了作为主食食用的面包、咸菜、干货类的海产品、干面条、豆腐、牛奶以及酸奶等产品。

日式超市

日本独有的大型综合自助零售商店。经营的商品仅限于大众商品和实用品，食品、服饰以及其他（杂货·家电）等三大商品部门销售额所占比例分别为三到四成，卖场面积分别可达500—1000坪。其毛利率通常比行业利率低3%—5%，楼层数量多为1—3层。商店选址为地价低廉的区域，大多持有土地所有权，其中400—1500坪的面积一般通过转租实现集中化，商圈的辐射人口为15万—20万人。与美国的沃尔玛等GMS模式的综合商店截然不同。

■ 先驱者的挑战

在日本出现"百元店"的时候，中国才真正开始进行家庭用品的开发。最近虽然经由当地供应商的商品增加了，却没有昔日的势头。那是因为这10年都是由当地的供应商主宰。

而且，零售业界最初开创的百家大型商店都是卖绅士西装和和服的专用商店。

实际上，与那些销售额达几亿日元甚至几万亿日元的大型综合性商店群相比，连锁店早在20世纪60年代就开始着手垂直销售规划活动了。因为他们比其他任何行业都要早地拥有对原材料的所有权，更早地进入加工依赖阶段。

结果，2010年春，流通上市企业的毛利率遥遥领先于西装店、西式用品店及零售业的毛利率。西装店五家店的平均毛利率是51.3%，西式用品店19家店的平均毛利率是51.5%，零售业的平均毛利率是30%。但是它们的零售价格并不是特别高。这才是商品开发真正开始的标志。

另一方面，在日本，自称从2007年开始进行本公司产品开发的连锁店，并没有成为后起之秀。相反，大多数企业的营业额与之前相比下降了3—10个百分点。所以，它们迟早会沦为

通用商品（Generic）
指仅单纯保持商品原本成分的商品。
外观上通常比现有产品低劣。

经销店的鱼饵。

日式超市中率先实现商业大型化的第一号超市戴尔，在1996年进行克里斯蒂服装品牌的商品开发。但是这种做法实际上是生产者的做法。

1969年（第一次实行）我率领主宰飞马俱乐部会员公司的买家们，以引进开发团队为目的，访问了澳大利亚。然后在1970年以收购东南亚各国的市场为契机，在中国台湾开始了鳗鱼养殖。

1980年，戴尔用"飞鱼"这一商标打破价格垄断。同年，西友也用"无印良品"着手原产品的开发。但是当时失败的事例频繁出现。

这种煞费苦心的尝试在中途失败的原因都是共通的。

（1）经营阵营并未把商品开发列入重点政策课题。PB只把广告手段作为单一的重点课题。

（2）对现有的贸易经销店来说，连锁店的商品开发是多余的。

（3）当然，首先市场调查的出差费用受限，无法负担样品的买入费用，以及之后的店内陈设预算成本等不利条件增加。

因此，一般的职员就会不热衷于工作，因为他们不是真正的所有者。

你所在的公司中，同样的事情难道不是也重复发生过很多次吗？

重要的事情有以下两点：

①上司的持续性的热情；

②准备预算、特别相关研讨会的讲演费和市场调查的旅费。

第

3

章

基本概念的正确使用方法

1 // 效果显著的大众化商品

■ 什么是大众化商品

虽说连锁店只经营大众日常生活用品，肩负着守护国民日常生活的社会使命，但并不是经营所有的生活用品。

实际上连锁店的经营目标是，用大众销售规划体系来经营大众化商品。因为只有这样，才能发挥这个体系在商品领域的最显著的效果。连锁店在最初的时候，是不经营那些"一万人中只有一个人买"，"几年买一次，一次买一个"以及"不会使用"的商品的。因为那些商品需要完全不同的生产方式、营业状态以及供给方法。

因此必须重新定义"什么才是真正的大众化商品"。

1960年以来，我们一直拘泥于"大众化"这一术语的翻

图表 3-1 批量化品目的发掘

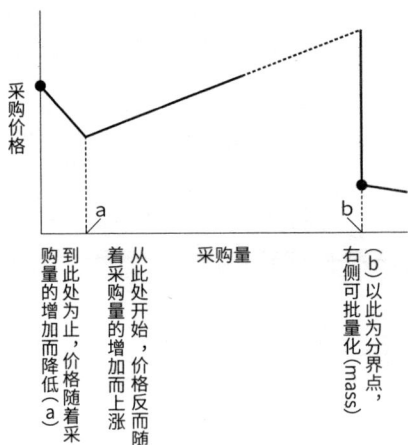

图中纵轴：采购价格
横轴：采购量

（图中文字，自左向右各列：）

购量的增加而降低（a）
到此处为止，价格随着采购量的增加而降低（a）

从此处开始，价格反而随着采购量的增加而上涨

（b）以此为分界点，右侧可批量化（mass）

译。这一术语并不是"多数""多量"的意思，而是"大量"的意思。并不是单纯的多，指的是超出一般的多。如果按照连锁店经营法则用数值来表示的话，就像以低于成本的二分之一的价格来下单、交货、销售一样。

实际上，一般人认为高额、大量的采购会使商品越来越便宜。但是，事实绝不是这样的。过去在日本的超市盛行时期，一旦超市的新兴势力参与到各地方的公社生鲜、批发市场的竞争中，商品就会立即升值。这些都是通例。

因此，如图表 3-1 所示，在大众化商品种类的开发过程中，必须对像 b 这样的成本价骤降的情况有所预见。

■ 大众化商品种类的发展方法

根据美国的连锁店实例，我们创作出了大众化的基准数值，如下所示：

（1）在每个店里，每种商品，每天卖出一百个以上。

（2）购买商品的顾客数量，相当于零售业中每个商店每天一成以上的顾客量，同时也相当于餐饮服务业每个商店每天三成以上顾客量。

（3）因时间、地点、场合（或者是价格带）的不同，占据商圈内65%以上的商品。

其中，首先发现（1）或者（2）的商品，然后开始有（3）。

在你所在的企业中，(1)或者（2）的商品有多少种？请看最近一个月的销售数量统计。当然商品的单位并不是品种和部门。虽然有的企业是按照袋中黄瓜的根数来数的，但也有将装着5根黄瓜的一袋按一个来计算的。橘子和土豆也是一样，要用实际的零售单位来计数。如果是贩卖量较少的衣服或者家庭用品，不考虑（1）只考虑（2）就可以。如果一天的顾客数量是二百人，有20套卖了20套，那就是大众化商品。

在日本，每个部门的每种商品都能达到大众化商品标准的超市属于A级超市。也有这样的上市企业，虽然有百家以上的连锁店，年营业额超过一千亿日元，但所有店铺中没有一样大众化商品。这个时候，请考虑一下下面的发展计划。

①每一个店每天能卖一百个（如果到店的顾客数是一百就

卖一百个）

②这样的话，一百个店一天就是一万个（同一千个）、一年就是 365 万个（同 36 万个）

③三百个店就是一千万个（同百万个）

因此，发展大众化商品就是大约一种商品一年一千万个（套、袋）或者到店的顾客数有一百人的话就能卖出一百万个（套、袋）。

我从以前开始就把这个想法作为"一年一千万个（套、袋）"或者"一年一百万个（套、袋）"的计划来号召珀伽索斯俱乐部的会员企业。虽然看着是故弄玄虚，但是在我带领的珀伽索斯俱乐部的会员企业中，在点心、日常食品、服饰、家庭用品行业，从 20 世纪末开始就在不断地突破记录。

这个口号成了总部的商品部和店铺运营部、现场的店铺里的从业人员每天、每周、每个季节都在努力的课题。而且还成为与总部和现场，促销计划·行动和现场的广告策划方案领域都息息相关的联动活动。

即使是竞争每天的营业额、每周的营业额，其实也没有什么意义。每一种商品的销售个数，特别是不断大众化的商品的数目，才是衡量连锁店对地域社会生活贡献度的标准，也是体现连锁店存在价值和发展价值的数值。这些绝不是营业额能够体现的。这种大众化商品的设想是：无论店的数量是一百家、二百家、三百家、五百家、一千家，都会是这样，这样表达的话就会容易理解。

■ 大众化商品种类的特性

总结一下大众化商品种类的特性。

（1）基本品目——与生活密切相关的大众商品、实用商品中的高频度消费品。或者超越不同顾客层次、通用的生活用品。

（2）恰好击中——商品与人们的日常生活需要相适应。

（3）必须有的——如果买了就一定有用处的商品。将便利的商品推荐给顾客。

（4）用不厌的商品——因为是长年持续使用的商品，在日本是"不厌倦"＝"买卖"（日语中，"买卖"与"不厌倦"发音相同）。

（5）流行商品、可负担的商品——大部分人都能接受的商品。

连锁店将带有这些特性的大众化商品推向世界，然后通过纵向的（追溯原产地和运输阶段）工艺活动（搜索、调查）进行商品开发。这与只贴一个本公司的商标、进行设计包装的产品有所不同。

最后，作为这一部分的总结，想要介绍一下日本连锁店开发的先驱——大荣株式会社的中内功的文章。

PB 本质论
< 摘自 1996 年（平成八年）8 月 17 日日本经济新闻及全国性报纸刊载广告第 1 页 >

"PB 商品"当真是反派角色吗？

近来，报纸或杂志上关于"NB（National Brand：全国性品牌）商品的逆袭""PB（Private Brand：自有品牌）的使命已经终结"等内容的报道屡见不鲜。而"PB 商品"往往被视为累赘或反派角色。对于这些停留于表面的报道，我每每深感不安与愤怒。借此机会，就大荣零售为何执着于开发自身的 PB 商品，我想恳切地谈一谈，请各位读者点评。

"凭年糕铺一己之力是做不出好年糕的"——简言之，这是我对商品开发制造持有的基本信念。

诚然，厂家是商品制造的专家，然而，若一味地依托厂家，优先从制造者的角度进行考虑，可能会出现商品型号频繁变更、过度追求品质和性能等问题。

若要从消费者的立场来解决这些问题，"年糕店"之外的非专业思考可谓必不可少。因此，我们要以家庭主妇的抱怨与不满为出发点，明确"希望购买的价格"或"满意的品质与性能"等关键点，并将其导入商品的开发制造中。换言之，笔者认为，不能拘泥于"所有的商品都必须拥有高品质·高性能"的观点，PB 商品开发的真正意义在于"根据使用者所追求的价值进行商品制造"。有的零售商说"PB 商品是在经济不景气时以低廉的价格满足消费者对低价商品的需求而制造的便宜货"，这种想法十分离谱，我们并不会为经济状况或一时的流行所左右而选择 PB 商品的开发。

我有一个外号叫"复读机"，不知各位读者是否有所耳闻？

打着"主妇之店·总店大阪"的商号，自昭和三十二年（1957 年）在大阪千林创业以来，我总是像复读机一样不厌其烦地强调"为主妇们创造一个以理想的金额购买想要的商品，想买多少就买多少的社会"，我们一直以来坚持的 PB 商品开发正是其中的重要一环。

PB 商品的开发创造史也是大荣的历史。

今后，我将一如既往地投身于得到主妇们认可的 PB 商品的开发制造中。并依然打算像复读机一样，反复主张我所坚持的信条。

当然，我并没有狂妄地认为 NB 商品可有可无。主妇们根据日常生活的不同场景，灵活选择 NB 商品和 PB 商品，使生活更加合理化。我想表达的是，创造一个能够"自由选择"商品的环境尤为重要。只有实现了这一点，才是真正意义上的"富裕社会""民主社会"。我也将驰而不息，不断培育开发新的 PB 商品，希望大家多多支持。拜托各位了。

1996 年　国际 PB 商品制造者协会　日本首次获优秀奖　中内功

2 // 连锁店品牌的商品开发

■ 品牌的内容分类

商品开发包括产品开发和供应方式的开发两部分。在这里只论述前者。

首先就连锁店的商品开发对象的品牌种类做一下说明。连锁店的开发品牌根据目的和特征被分为许多种。至少，如果想要做典型的连锁店商品开发，要明确知道术语的意思的不同，必须能够严密地灵活运用。

首先请看图表 3-2。

（A）的内容分类大致可以分为：在开发产品的特性中，通过品质来分胜负的品质品牌和强调零售价便宜的价格品牌。价格品牌中想要低价更加彻底、宣传活动更加活跃的时候，也就

图表 3-2 品牌的种类

A 按内容分类	· Quality Brand= 重视品质 · Price Brand= 重视低价格 · Competitive Brand＝与其他公司进行价格竞争的产品，价格尤为低廉 · Generic＝包装简单化的最低价格
B 按目的分类	· PB=Private Brand= 无 NB 的品种开发 · SB=Store Brand= 有 NB 的品种开发
C 按方法分类	· Double Chop Brand＝连锁店与制造商联合开发的商品。在日本，零售商不对商品品质负责的例子逐渐增加。 · CL=Controlled Label（Brand）＝零售商集团持有的独占性品牌 · OEM＝Original Equipment Manufacturing＝制造商受其他厂商的委托进行生产，但商品不使用委托方自身的商标，而使用客户厂商的商标进行销售。客户为零售商时则为PB商品。 · 许可协议＝商品策划的一种，指通过签订协议支付版权费用从而使用商标。由版权所有者对商品内容进行审查的情况较多。
D 按产品制造商的规模分类	· NB＝National Brand · LB＝Local Brand

是说商品的品质一般，追求彻底的售价。只想宣传和其他公司的价格进行对比的开发品，被命名为竞争品牌。

因此连锁店在解决商品开发的时候，管理层和商品部长必须提前，决定把这三种中的哪一个作为目标。可是，日本的现状是不论品质改革还是价格破坏，很多都变得含糊不清。那是因为不知道由于开发目的的不同，调查和数据的收集方法也会不同。

欧美的连锁店现在考虑的开发品的价格，如果是价格品牌的话，与之前的相比应便宜三成；如果是竞争品牌的话，以便宜七成为目标。

实际上，日本公布的开发品基本上是价格品牌，与过去的同品质、同性能的商品相比只便宜了一到两成。

而且，变得便宜也会有问题。与过去的相比，商品的重量减少了，导致商品劣质化，这没有什么意义。对消费者来说，价格商品必须是量大，商品的品质和性能也和过去的差不多。

因此需要采取的手段就像后面叙述的那样。首先①纵向的、②追溯全球化的贸易推销商。也就是说那种手段首先是（1）推销商的变更，接着是（2）交易条件的变更，最后是（3）说明书的变更。绝不是请求迄今为止的推销商"请创造出我们公司的价格品牌"。

与此相反，品质品牌比起过去的商品，品质、性能必须完全改变。因为不想提高价格，就要坚持那些必要的性能和品质，舍弃那些不必要的性能和品质。这样站在消费者角度对商品品质和性能进行变更，这一行为可以用平衡交易来表示。开发品质品牌就是在连锁店的商品供应计划活动中，必须思考比起价格破坏，技术方面才是更难的课题。

这是因为，在纵向的管理中，全球性的工艺活动和变更交易条件，是通过买方和跟单员的日常行动状态和学习到的基础知识的积累，花费较长的时间来实现提高技术能力的。也就是说如果努力了就能达到希望的领域。但是站在消费者使用的立场，交易技术不是只要努力就能取得的难的技术。那么，应该怎样做呢？①不是自己悉心钻研，而是把欧美的先进连锁店在卖场提供的大众化商品的实物作为模型来模仿；②反复使用寿命试验、从中得到的东西。

■ 品牌的目的分类

目的分类像（B）一样分为自有品牌（Private Brand＝PB）和店铺品牌（Store Brand＝SB）。

首先，SB属于刚才的价格品牌和竞争品牌，作为一个种类实际上已经存在了，属于被广泛售卖的NB，也就是品质和性能、有时候连设计都和NB类似。但是因为交易方法和制造成本不同，零售价会变低。这个时候售价的基准就是NB的三成或者五成。在日本虽然有想法幼稚的人会认为如果便宜一成很好，但是以欧美连锁店的经验应该便宜三成以上。因此，如果NB是4900日元，SB不是3900日元而是必须不到3400日元。如果是3900日元的东西，不是2900日元而是必须不到2700日元。

接着说PB是什么。那不仅是以"自有"来命名，而且必须是没有其他相似品的珍藏的、独特的商品。也就是说不单单是售价低，而且品质和性能也和过去的完全不同的商品。

PB 是连锁企业独自的在不断地积累公平交易这种调查和工作的基础上，自信地"创作"出来的拥有过去没有的品质和性能的商品，提案新的令人满意的、漂亮的、合适的商品。当然，这个 PB 是通过把公平交易的内容，用简单的讨人欢心的话，直截了当地说明的货样卡来出售的。PB 是把过去认为好的品质和性能从零开始重新构筑的。所以，参加开发的公司负责人必须明白，过去被认为是长处的品质和性能是什么、为什么这样认为、现在是否被否定及理由。

还有一件不能忽视的事情是产品售出后，PB 必须比 SB 的毛利率高 5% 到 10%。当然，这要以 SB 本身的毛利率应该比日常品的例行利率高 5% 到 10% 为前提。因此，PB 的售价比现有的类似商品毛利率高 5% 到 10%。

连锁店经营方在开发过程中，清晰地认识到这些事情是非常必要的。实际情况是：我作为经营顾问，对于相关的开发过程中是 SB、PB 还是 LB 的延续全然不清楚。现在，在日本出售的各个公司的大部分开发品，实际上还是 SB，名副其实的 PB 商品是非常少的。必须考虑到企业随意在报道中公布的名称不是正确的表达。该公司的老板和商品部长决不能轻易地满足于这一点。

■ 品牌的方法分类

（C）是和这些都不同的，通过商品开发的步骤分类的专业术语。

首先，双规格品牌（Double Chop Brand）是以制造方处理习惯的材料和制造方法为前提，连锁店一方做好说明书，连锁店和制造方共同开发的大量生产的商品。但是，在日本，说明书是由推销商和制造方做成的，推销商和制造方开发的商品非常多。所以，技术知识缺乏的零售业和食品服务业就要不断地活用那些方法。因此和其他公司的差别难实现的情况比较多。而且像零售业对于商品质量不负责任的事情也在不断增加。

日本的双规格品牌被诽谤说和 NB、LB 的实质是一样的，只有商标的图形和文字不同。实际上品牌的实质也有完全革新的情况。但是除非把说明书的制作委托给他人，否则其他的竞争企业会被带入同样的推销商、同样的商品的危险中。对连锁店来说这是想要尽可能地避免的方法。这是因为连锁店亲自开发商品必须使用自己的说明书。

接着，受制的商标是让商品制造方从连锁店订购说明书，在集团中垄断的经营的商品。不向顾客公布制造方的名字，但商品加工方法（工序和品质）的水平高、信赖度高的开发品。不过，常常有这些缺点：①成本会稍微变高，②擅长不断地提高成本，③挪用其他公司的说明书的内容。特别是③我方察觉到的时候已经迟了，把和竞争对手卖场相似的东西作为 SB 出售的情况也有很多。

特别是在食品服务行业的店铺里，在即将加热的半成品方面，这样不好的事情在 20 世纪末多次发生。但是，因为一流的制造工场的加工能力确实有难以舍弃的东西，现实中不是制造商的第一，指定为第二、第三的情况很多。

与此相反，也有定牌生产这一种类的开发品。制造商不用自己公司的商标，订购其他制造商的商标制品来生产，这是一种转包生产，是在商品制造业经常会运用的形式。想要运用个人持有的加工方法许可证而不是 A 这个制造商时，就会用这种方式。因此这不是连锁店中的商品开发术语。这个时候使用的加工方法的许可证的数量很少的情况下，会用许可证合同这个方法。

3 // 品牌政策和管理

▉ 国民品牌

首先，在商品制造规模中有国民品牌（National Brand＝NB）这一术语。这是带有 A 级商品制造业的特定商标的商品。它的特色是：①大部分是上市股份公司。每一个普通的都道府县都设置有子公司的"专卖公司"，它的管理层——常务一般是制造方的直接分配者。②NB 把每一个制造商从五种分成十种不同的商标名。很多情况下又把每一个从十种分成二百种单品。③无论哪一个制造商的每一个品牌的全国占有率都是从最好的到最次的，而且每一个销售公司的占有率都有显著的不同。也就是说即使是同一个公司的品牌，有的品牌的全国占有率是 60%，为第一，别的品牌是 30%。即使全国平均占有率是 40%，有一部分地区也只有 3%。现实是：即使是同一个公司，每一种品牌、每一种单品、在每一个地区的人气和销售量也有很大的差别。

相反，商品构成和店铺的标准化不断提升的连锁店的开发品在全国的占有率几乎相同。

有必要把这种差异留在记忆中。如果后者的地区差别大的话，应该考虑到这个地区的这种开发品有缺点。在狭小的日本，由于地区不同消费的倾向也有不同，不要被错误的市场运营所愚弄。过去东北地区有不喜欢牛肉，喜欢猪肉这种业界的坚定信念。但是，珀伽索斯俱乐部的会员企业的连锁店组还是会开设店铺、增加非常便宜的牛肉种类和数量，以变得和全国比率一样。

在欧美国家，在特定的开设店铺的区域全国占有率高的 A 连锁店输给 B 连锁店的时候，X 公司会为他们做特别的促销活动，A 连锁店追上 B 连锁店的时候，A 连锁店可以向 X 公司申请负担关于特别 SKU 的特别促销费。相反，B 连锁店想要确保更高的占有率，想要在那个地区持有超群的占有率的时候，也能实行同样的特别促销手段。

从世界最大的零售业——美国沃尔玛能看到，主要销售道

优势区域（Dominant Area）
顾客对企业表现出压倒性支持的区域。

磁石
在心理上诱导顾客，使顾客走遍店内的各个角落的商品或卖场。

路上 NB 的某种商品的大量陈列，是从生产厂家得到特别促销费，而进行重点贩卖的例子。

■ 重点贩卖

为了达到这个目的，连锁店必须抢占确切的优势区域。在本公司的标准化商店中，集中 10 个商店，如果可能的话，形成 15 到 16 个商店之间相互连接的商圈。也就是说得不以"地毯式轰炸"的模式来开设店铺。只要连锁店能够占据哪怕一个像这样的优势区域，那么在下一个决算期的准备期间（实际上是 12 月份或 1 月份），去跟 NB 制造商的总公司营业部或者完全掌握促销预算的市场运营企划部进行商谈的话，在这个区域内（特定期间是 2 到 6 周）为了使 NB 大幅降价特卖的促销预算补助金也就手到擒来了。

之所以这样说，是因为这是欧美的连锁店在积累经验的基础上形成的"重点贩卖"的手段。因此像日本这样，不以"一日一变""品种"为单位，也不是七到九折的折扣，而是三到七折。除此之外，柜台通常在"第三磁石"的吊舱（陈列线）的终端处，每一端摆上一到三种商品，商品以正面、侧面的字面从顾客看来是竖条纹图样的方式摆放在那里（参照拙著《店铺

重点销售

谨慎选择重点品目，以品目为单位进行大量销售。连锁店原本的销售方法。与日本以品种为单位进行销售的方式有所不同，重点销售须预先制订一整年的销售计划。以批量化为目的的特价销售被称为大减价，与以清空库存为目的的清仓销售有所区别。

布局》<实务教育出版刊>)。原本在陈列架中，使用从上至下全部的隔板，宽度为一条陈列架（通常是90到120厘米）全摆满，只摆一种物品的情况称为"第四磁石"。另外，在同一品牌中，也有由于设计基本上相同而将几种单品视为一种物品来统一陈列的情况。当然，花言巧语的铺面广告规模宏大，这里只能略述一二。

其他还有以任何连锁店理应都有的常设周期卖场（参照同上）来开展的情况。这样的卖场面积广达3000多坪。

在欧美的任何一个连锁店里，正是因为有这样的重点贩卖，店内才将连锁店铺作为用来制造刺激的基本对策。在日本，并不是以活动来强烈刺激众多顾客的听觉，而是一进入商店就映入眼帘的大众显示器，这里展示的商品一般是本公司独特的开发商品，以及NB在限定区域和期间内（2到6周）的特卖品。后者正是连锁店有计划地制造出的优势区域的产物。

■ 本地品牌

本地品牌（Local Brand ＝ LB）是连锁商店在商品开发中最为重要且不可或缺的技术用语。

这种和NB相对应的本地品牌，与SB和PB是完全不同的东西。对于商品生产者来说，甚至是和 NB 有着微妙区别的产物。

本来在连锁店中，探索出价格更低，或者品质和功能更加不同的、更加方便于消费者的商品这一义务，被称作"装饰品"。为了这一装饰品，必须垂直地甚至全球性地去其他生产国寻找与现在进行交易往来中不同的推销商。之所以这样做，是因为从至今的推销商那里，像以绝对低廉的零售价、更高的毛利率来出售商品，这样购买进货商原价的低廉商品是不可能的。另外，对顾客来说，为了选择更加便利的商品，也有必要寻求其他的推销商。

也就是说，在寻找商品生产者这一装饰活动的时候，装饰那些尚且称不上 NB 的商品制造商，对于追求连锁化的企业，不得不说是一种不可或缺的寻找交易客户的方法。当然 NB 也好，LB 也好，并不是和公司名字写在一起，所以从实际问题考虑，我们也可以认为，LB 生产商是尚未发展成大企业的中小生产商，所生产的商品肯定只在国内并且是一部分地方售卖，所以才使用 LB 来形容。

然而虽说是 LB 也并不都是二流产品，有时候也会出现因贩卖手段不精明、过于标新立异的品质和功能，而尚未被人们理解的情况，以及商品特征过于前卫的情况。

于是连锁店的势力，被当地品牌巧妙地发掘出来，考虑作为本公司独有的商品来出售。进货商成本与 NB 相比较低，因此我们公司的毛利率比惯例增长了 5 到 15 个百分点。交易方法、包装样式以及物流方式也都会好好听从本公司的要求。

当然，由于这个本地制造商的批量生产的规模比较小，一旦开始大量生产，一定会出现原材料短缺（数量提高不了）、质量出现误差等问题，有不能想出灵活的促销活动、资金操作不当等缺点。

因此对买家来说，如果能够顺利发掘本地制造商，就会取得很大的成功；失败的话，会起初声势很大，最后却一蹶不振；或者也会变成严重的赤字。但是即使在那种场合，为了商品开发而进行必要的大量化对策的技术秘诀的重要实践，不是自我的风险，而可能是本地制造商的风险。

沃尔玛公司，在刚刚开始流行多店化的 20 世纪 60 年代到 20 世纪 70 年代大约 20 年时间，不经营国际商品，专心经营 LB。所以从日本来的参观者在很长时间，因该公司不经营 A 级 NB 而把该公司看成二流的连锁店。有过这样的事实。

但是连锁店的跟单员，不可能从一开始就在绝佳的商品开发中取得成功。想成为跟单员的人，必须先习惯上述国际商品的重点贩卖，然后全力处理 LB 商品的开发问题，批量化作战成功之后，再做出 SB，接着再把正式的 PB 制作当成挑战对象，这样一步步迈进。这个顺序是欧美的连锁店教给我们的。

当然，这与之前 NB 中的特定物品种类的情况一样。本地商品开发也应该能踏踏实实地慢慢积累重点品种贩卖的技术诀窍、经验。

■ 贩卖责任之所在

开发商品的时候，首先有一个须事先明确的重要问题。

是关于商品没有独立的包装，以及带有价格标签的商标的问题。在如今的日本，许多连锁店都清楚地标记了作为"销售源"的本公司名字。顾客的"咨询对象"一律都是"顾客洽谈室"。这在零售商一方，是在表达对该商品的所有社会责任会全社会性地负责这样一种意思。这样的行为作为一种商业道德是正确的。

但是，最近的商品包装上，虽然冠上了公司名字，但作为来客咨询的"生产商（制造商）"或"销售者"，仅写了制造商或自动贩卖机的电话号码，这样的例子在逐渐增加。

这是一种非常不讲理的反社会行为。我每次发现这样的情况，就会去追究责任。关于这件事，2007 年 3 月，日本最高裁判所也发出了"零售店向消费者售出的商品，此责任最终由零售业者承担"这样的判决。

这是一个我希望不能对警戒有任何懈怠的问题。而且关于商品，一旦发生了不愉快的事件，马上向生产厂家要求公开解释说明和安全证明。这样一部分零售业的态度，和上文一样都是作为营业者逃避责任的行为。希望他们能够理解这是一种作为商业道德而应该避免的态度。

■ 与制造业关系的维持方式

在这里不得不明确的是，连锁店作为零售业或者食品服务业，该如何保持与制造业的关系。

最大的问题就是资本干预。旨在连锁化的企业，一旦开始发展壮大起来，随之会受到来自周围事业体的资金援助的请求。一旦被这种花言巧语迷惑，哪怕只是提供少量的融资或出资，从那一刻起就要背负着对方的全部命运，本体就会被集团企业化。因为经营理念完全不同，核心的连锁化就变成了敷衍。因此我作为企业顾问，要告诫大家不要插手制造业的经营，从始

PC（处理中心）

进行食品一次加工及二次加工的场所。
总括了从原材料的分拣到加工、预包装
乃至价格标注的各个环节。

至终都要将其作为交易对象来认真对待。另外有一些特别的企业，连锁店的经营者从年轻的时候就经常出入制造业，从经营分店这一阶段开始便将本公司定位为厂家直销产业。那是为日后的连锁化打基础，并不是作为企业的成长策略而进入制造业。像 Nitori（家具），阿尔卑斯（体育）等都属于这类例外的企业。

但是我所认可的连锁店的分公司只有四种：①店铺房地产业，②面向工作调动的公司员工的房地产业（贷款住宅或者租赁委托业），③店铺或从业员的保险代理店，④开发本地商品的外国商社。其中的①—③为保障长年连续工作的优秀员工老龄化之后的待遇而提供工作岗位。

另一方面，最近笔记本电脑（代理人，烹饪加工中心）有分公司化的倾向，我是反对的。笔记本电脑作为主力商品生产革命的中坚力量，应该和商品部直接结合在一起。然而一旦变成子公司，不但信息的流通变慢，在资金和人才方面都太容易被当成附属品来对待。

另外，对于设备机器的制造商和各种集中生产业者，我们也应该将其当作交易对象，任何时候都要继续保持紧张关系。我反对向他们出资、融资，以及为他们的贷款做担保。

第 **4** 章

在连锁店的商品开发中重要的供应商开发（Sourcing）

1 // 有效利用卖主（Vendor）的方法

■ 卖主的功能

这里所谓卖主，是指零售业与餐饮业大批量采购原材料、产品，以及与销售相关的材料和器械的交易对象的总称。

请看图表 4-1。

卖主起源于 a 所示的供应商。一些江户时期的富商首先进入这一行业并取得成功。最大规模的卖主除货物外，也会提供资金和器械的借贷。日本的许多大型商店，都在这种供应商的强力引领下实现了以较低的价格提供优质产品，并相对减少产品脱销，保证稳定供给。如今那些销售额高达一万亿日元、一千亿日元的企业，都可以说是受供应商照顾颇多。并且这些供应商相比于欧美同类型企业，往往拥有更加雄厚的资本和更加

图表 4-1 按功能分类的供应商类型

符号	功能的名称	本质（能力）	业务
a	Supplier （供应者）	纯批发商（制作者）	材料＝产品加工的第 1 阶段 开始拥有所有权
b	Distributor （分发者）	运送与终端小规模代理商	物流能力和针对采购方的 "脸面"
c	Jobber （批发中介）	中介商	材料与半成品的收集者，起 调解作用的中介
d	Broker （中间商）	信息提供者	相关供应商的寻找（包括库 存的打探）提供信息的中介
e	ResidentialBuyer （产地采购者）	产地信息提供者	产地库存信息的打探 提供信息的中介
f	顾问	产品开发指导	SB 化采购与产品控制
g	地方集散批发商	兼具a—e中的数项功能	并不从事所有的业务
h	销售公司	产品制造商的专属批发	产品库存的不均
i	Surveyor （检验者）	产品检验者	降低不符合品质标准的损 失率
j	Manufacturer （工业制造者）	第 X 次的部分加工者	非综合性生产
k	特许经营连锁总部	加盟店的供应者	货架陈设、售价等均由总部 决定

全球化的活动范围。日本所特有的"商社"就属其中。

并且对于零售业和餐饮业来说，供应商同时也是负责他们物流的存在。虽然从 20 世纪末到 21 世纪初，这种物流费已经成为造成末端流通业高成本、低收益的元凶之一，但现如今的零售业和餐饮业巨头在物流方面，依旧完全依赖于供应商。就因为如此轻率的对策，连将店面里无人购买的大量优惠商品送回配送中心都做不到。因为并没有回程的便车。甚至连将它们送到别的区域和地区进行售卖都做不到。

即便那些在便利店业界拥有超过一万家分店的超大型连锁

FRM
商品可以在入库后，不进行任何
改变直接陈列。

店的总部，或者拥有超过五千家分店的大型连锁店的总部，也
无法针对物流做出建设性发言。也就是说，如果不能冲破供应
商的桎梏，就很难真正实现价格削减和合理物流体系的构筑。
这就是日本面对的实际情况。

供应商正在不断扩大包括物流在内的势力范围。连锁店必
须牢记，从原料阶段开始重新进行成本计算，才是当前应当进
行纵向解决的重大课题。特别是这是对每个商品的包装和运输
过程中的打包［将商品以从最后生产现场出库的状态在店面柜
台陈列，也就是 FRM（Floor Ready Merchandise）］问题的重要
对策。即便过去有过情义，也应毅然决然同供应商断绝关系，
由连锁店重新构筑框架。

h 所示的销售公司是日本特有的 "NB 设在各都道府县的承
包销售的公司"。

比起那些与连锁店总部同在一地的销售公司，那些相距很
远的销售公司是更加必要的。各销售公司都由常务担任最高级，
因此看起来等级是相同的。但实际上，各都道府县和地方行政
区的销售公司在占有率上有很大差异，因此在旺季时各销售公
司的库存截然不同。连锁店会从库存多的销售公司进货，只有
核对账目时才会选择总部所在地的销售公司。这样有利于确保

畅销商品的数量和进货价格。因此，对待那些外地的销售公司高层，也要给足面子。

c 所示的中间批发商、d 所示的中介和 e 所示的产地中介都属于"信息部"。

他们虽然不从事商品生产，但是他们知道哪里可以提供什么样的材料和半成品，以及加工器械和高素质的工人。也许很难去信任他们，但经过长时间接触，就会自然而然建立信赖关系。

日本采购员的缺点在于，太不了解这些信息部，或者干脆认定他们是不可信的。

像这些类型的卖主，在外国，特别是欧美那些连锁店商品的加工和出口业发达的国家，在按职业类别分类的电话簿上，马上就能找到很多。

■十一种卖主的灵活运用

中间批发商有时也会有一定库存，但这只是在提前预知对零售业者畅销的前提下，并且时间极短。中介只从事斡旋，因此也被称为"桌前的中间批发商"，有的中介公司仅由一人一桌组成。当然这样的中介是完全没有库存的。

而与此相对，独立的产地中介在日本基本是不存在的。产

理货·质检

产品的检测作业之一。理货（点数）指检查商品的数量是否与订单一致。质检指检测商品的品质是否符合订单要求。后者为难度较高的操作，必须由通过特殊资格考试的人员进行。

地中介的功能往往由 g 所示的地方集散批发商的某一特定部门来实现。比如某批发商的某课长，就担任产地中介。日本的许多地方批发商，甚至具备从 a 到 e 所示的所有功能，我们很难把握其实际状况。

总部设在三大都市圈以外的连锁店对地方批发商的依赖，甚至超过先前提到的供应商。地方批发商的商品政策变动，往往会使连锁店高层如临大敌。北海道和九州那些年营业额一千亿日元以上的零售企业基本都十分依赖地方批发商。而对于连锁店来说，被卖主的政策改废和变动束缚，则是最大的不利。在九州，除了最终走投无路的 Uneed、寿屋、Nikoniko 堂等巨头之外，地方百货店均无法从变动中置身事外。而北海道的金市馆、丸井今井、札幌市民生活协同组合也同样不轻松。

当然其中也不乏拥有卓越的地方特产集散功能的地方批发商，特别是那些能够发掘 LB，并进行批量化生产的。这种手腕高明的人才是被极力物色的对象。

f 所示的产品开发指导是很稀有的企业。这类企业从事 SB 开发的斡旋，通过供应商开发和对开发品质量进行生产控制的手续费获利。在日本，AEON 系列的 AEON TOPVALU 和 AIC 就很有名，并且业绩很好。但是即使在美国，产品开发指导发展为大型企业的可能性也很低。

i 所示的验货员虽然是日本少见的职业，但去到那些面向连锁店出口的欧美国家的港口，翻开按职业类别分类的电话簿，你会惊讶于验货员的数量之多。这是因为水运货物的检验部门主要负责数量上的核对，这时产生的手续费是离岸价格的 3%—7%。而质量检验成本则更高一些。为了防止低于最低品质标准的产品出现，同时也为避免大批货物没有装载完成的情况，验货员被大量任用。至于为什么按惯例是 3%—7%，这是根据 20世纪以来欧美连锁店的经验制定的。有必要向验货员，支付一定的手续费。在这方面，日本还缺乏了解。但是水运之前的验货如果马马虎虎，之后连锁店会蒙受更大的损失。

j 所示的制造商指的是对产品进行部分加工的企业。一提起产品制造商，很多日本人都会想到一条龙生产。但在生活用品生产中，这种情况是极少的。大部分情况下，产品制造分成 5—15 个阶段来完成。

b 所示的批发商指的是广义上的批发业。在美国指的是那些比起金融和生产，集货和运输这两个功能更加强大的批发商，他们更加重视将货物准确分发至各目的地。但只有在果蔬领域，指的是那些在生产地集货装箱并运送到连锁店或批发市场的从业者。

k 所示的拥有包销权的连锁总部，是指向加盟店批发商品、材料和设备，并且出让土地的销售中心。

2 // 供应商开发的原则和顺序

■ 成本构成

商社或全国性企业的制造商，以及百货店经常所说的"品质""高品质"，站在大众日常使用的角度来看，相当一部分都是不合适的（也有许多为商社和全国性企业制造商辩解的有识之士和学者，这里暂且将他们的观点弃置一边）。

从使用的角度出发，产品应该具备的品质和功能，以及实现这些品质和功能所需的材料和加工方法、产地，以及从业者的技能等内容，将在"规格明细书"部分进行说明。但关于生产成本，这里有必要进行一些论述。

成本构成包含五个要素。分别是：①材料费，②设备费用（折旧费和关税），③物流费，④加工人事费，⑤企业交易保证金。

日本的流通业为了降低商品开发的价格，首先试图削减⑤所示的对象企业的交易保证金（包括毛利率和经常利润率）。但因此会给对方造成恐惧，使对方打消长远合作的计划。即便为了降低售价而不得不压缩成本，一旦采取了欺压合作方的手段，交易都难以持续。

④所示的加工人事费中同样包含陷阱。许多人都认为在人事费低的国家进行生产就会降低成本。比如中国的租金是日本的五分之一，印度的租金是日本的十分之一，因而在这些地方进行生产变得流行起来。在生产成本低的地方进行生产，这个想法本身没有错误，但如果只考虑人事费，那就大错特错了。因为在日用品中，生产加工所需的人事费只占零售售价中的很小一部分。拿人事费比重最高的汽车行业举个例子。如果零售价定为一百万日元，其中生产加工所花的人事费仅有八万日元。也就是说，即便人事费可以缩减至十分之一，汽车零售价也不过降低了七万日元。

但是在发展中国家，虽然生产加工人事费低廉，材料费、设备折旧费以及物流费用却相当高昂。这是因为越是人事费低廉的地区，设备费用（含税）及其折旧费的比价反而越贵，更不要说原本就高昂的物流费用。因此，计划的可行性往往不高。

而另一方面，①所示的材料费，其行情在全球，也就是国际范围内都是共通的，并且每周，甚至每天，都会有较大变动，无法断定哪一个会一直廉价下去。比如说木材，一定时期内西伯利亚（俄罗斯）的木材比较便宜，而接下来的一段时期则是瑞典或者马来西亚的价格更低。因此对于跟单员和采购员来说，如何获取并持续掌握原材料行情便是首要问题。

为了能够准确把握生产成本，除⑤所示的世界共通的企业交易保证金外，跟单员和采购员还必须调查国内外各地的实际情况。比如说印度的德里和孟买在地域上是相邻的，但物流费用有巨大差异。因此我认为连锁店中组织开发的负责人，有必要在商品部采购员的资格考试中，大量编入有关生产成本这五项内容的知识。

日本流通业的采购员，甚至都不知道生产成本包含五个要素，只一味依赖供应商、批发商和中间批发商。

■ 与生产商谈判的原则

要知道与生产商进行直接交易时的谈判原则，是与面对批发商时不同的。包含以下五点：

主打品目（Staple Item）
常备商品。在美国通常指至少持续
销售 13 周的品目（确保不断货）。

（1）明确成交价的成本构成。

（2）通知对方自己有扩大店面数量至三位数的计划（对于卖主来说，比起金额的多少，数量增加的合同更加重要）。

（3）拒绝卖主把货物直送到店面，要求送到配送中心（将该区域店铺所需分量的商品送至配送中心，而不是个别配送，可以削减成本）。

（4）向配送中心交货时，必须以集装箱或货盘为单位（最小也必须是纸箱）。

（5）店铺会按照不同等级，对不同种类商品进行重点销售。

关键在于明确前述成本构成的五个部分，详细考察各部分并依此制定生产成本。这就被称为成本方式。

除规格说明书之外，需要与生产商商定的合同还包括以下 A、B 两种。合同有效期都是一年。习惯上不会自动更新，每一年都需要重新商讨。

（A）事前回扣合同（计划大量销售各类产品）：

①一定的计划销量（非实际销量）；

②刊登（放映）广告的时间；

③大规模陈列特色商品的时间；

④通过广告展示购买点的时间；

⑤编入常规销售品台账的时间等。

（B）罚金合同（卖主支付）：

①未交货；

②残次品（重点是其定义）；

③特卖商品交货延迟（按未交货金额的两倍）等。

■ 什么是规格明细书

在商品开发的过程中，想要进行产品开发，以"规格明细书"为依据的订货不可或缺。实际上，即使是普通的进货和筹办物品，基于规格说明书的合同也十分必要。即便单价在一百万到三百万日元的办公器械，生产企业也应当对本公司签署明细文件。连锁店业界所有的交易中都存在这种规格明细书，特别是在产品开发方面，已经成了不可或缺的武器。原因就在于如果不签署关乎"品质"的纸质交易合同，在生产结果没有达到要求的时候，就无法拒绝收货或拒付费用了。

但是零售业和餐饮业的采购员无法做出这种规格明细书，因为他们并没有进行供应商开发。

规格说明书的内容包含图表 4-2 所示的十项。这十项内容

图表 4-2 规格说明书的内容

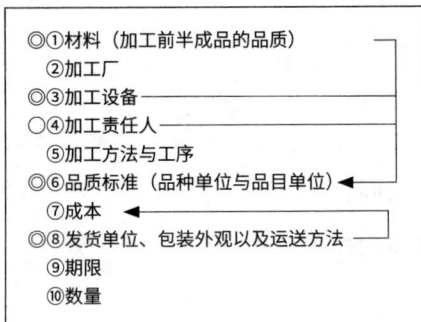

◎①材料（加工前半成品的品质）
②加工厂
◎③加工设备
○④加工责任人
⑤加工方法与工序
◎⑥品质标准（品种单位与品目单位）◀
⑦成本 ◀
◎⑧发货单位、包装外观以及运送方法
⑨期限
⑩数量

缺一不可，否则说明书的功能无法发挥。

大部分的采购员和跟单员首先都会在◎所标记的四项上碰壁。他们连①所示的加工前的材料和③所示的希望生产商使用的加工器械的名称都叫不上来。实际上材料和加工器械的生产商的名称和相应的品质功能都应当用专业术语表述。接下来重要的是⑥所示的产品品质相关内容，必须严格规定最低标准。日本人常喜欢用"很新鲜""色泽鲜艳""弹性很好"等形容词和副词来描述事物，但这从专业的角度来看是可笑的。品质标准必须用数值来表示，标明超过或低于某个数值，都非标准值；并同时注明这个数值范围是通过何种方法测定出来的。

在通过规格说明书订货之前，订货方首先应该到检查部门调查产品应具备的品质，并在各种测量方法测出的数值中决定产品的最低标准。这就需要从职员中选出一些人，让他们对产品的样品进行反复试用。在试用过程中，比较多个样品。所以根据不同的规格明细来制作多种样品十分必要。

在有关发货的商议中，关键在于⑧所示的单位、包装式样、运输方式。而其中最重要的又是包装式样（商品包装和运输过程中的打包方式）的商议。在这之后才进入交货期和交货数量的讨论。

紧随上述四项之后的条件，就是④所示的对加工者的技术和能力的规定。在制定规格说明书之前，必须对这项内容进行充分调查。

若跟单员或采购员能够将上述规格说明书应包含的内容全部纳入考量，则该员工理应受到组织开发负责人和教员的高度评价。商品部门也应对他表示认可。为了达到这一目标，需要以后述的"供应商开发活动"为教科书，进行大量的积累来提高自己。

通过规格说明书进行订购的关键，可总结为以下几条原则：

①少量多次地进行；

②不断进行各部分改善：样品、试用、科学测定；

③取代老产品的明确原因；

④原材料的改变；

⑤工时缩减和加工顺序的变更（加工方法的改变）；

⑥产地、工厂的变更；

⑦运输和保存方法的变更。

■ 生鲜食品部门是例外

只有在食品相关的领域，我一直提倡十一条"生产地对策"。而在我指导下的飞马俱乐部企业，正进行着踏实而彻底的努力。

（1）种子（或幼苗）和栽培方法的合同；

（2）产品收获合同；

（3）有关发货（或收获）时对产品的检查方法的合同；

（4）收货后立刻进行（蔬菜在三小时以内）的一条龙冷藏处理；

（5）清洗和装袋发货；

（6）根据口感和烹饪方法的不同变更规格；

（7）发货打包式样和面向消费者的独立包装的设计；

（8）按照每个季节的口感和烹饪方法的不同（产地和品种）进行对比陈列；

（9）在盛产期进行收获和全年稳定发货（通过冷藏长期保存）；

（10）扩大冷冻食品规模；

（11）新用途的开发和宣传（包含米、小麦粉、食用油）。

若问有没有必要全部由本公司直接经营，对从材料到店铺的整个生产加工流程进行掌控，那么答案是否定的。

原则上来讲应该从材料（即收获开始）进行纵向的全球性供应商开发。但如果最后商品以"生鲜"的形式进行零售，在产地集货和与中间加工商进行交易时，有效利用对方的加工规格说明书，未尝不是好的选择。比如像香蕉、苹果和柑橘类，它们并不是收货后直接摆到店铺售卖，而是要经过某种加工（使其看起来鲜美），而加工方法的种类也并不是很多。所以只要具备分类、一次性加工、包装样式和金融风险管理相关的明细，不通过规格说明书进行采购的交易也是存在的。一部分水产品和动物内脏类也是如此。

■ 采购员的任务

零售业和餐饮业都把获取原材料、半成品和销售产品的活动称为采购。从事采购的人，在日本素来被称为采购员。但是在美国连锁店的经营中，采购员指的并不是从事采购的人。因为从卖主那里采购完之后就再不露面是相当令人困扰的。

原本从事采购的人，直到销售款项入账为止都在这一经营过程中负有责任。在连锁店经营中，这一系列业务被称为"供给"，这就是采购员原本的职责。也就是说连锁店采购员的任务不仅在于采购。直到购入的产品销售出去为止，业务上的事项都由采购员来决定并负责。在这种意义上可称之为"供应商机能"（与前述的卖主种类之一的"供应商"不同）。

如果采购和供应的结果理想，采购员就会被评价为擅长选择交易对象。当然在谈判内容中，"交易条件的变更"和"规格明细书的变更"也很重要，但在期望的采购成本中（实际上是希望实现的零售价格），能不能顺利采购到达到预期品质和功能的商品，同样取决于在谈判前就已选择的卖主的好坏。

■ 何为供应商开发

连锁店的经验法则中，有很多都是关于如何选择卖主的（参照拙著《采购和配置》）。其中也不乏诀窍。

这里我把全球范围内纵向寻找卖主的基本原则总结成"供应商开发的含义"置于图表 4-3 中。请仔细看，从 2. 调查对象中的（1）从寻找集货业者开始就有很多不同内容。这里所说的集货业者绝不是单纯的批发商，而是有特别集货渠道和技术的从业者。接下来需要注意的是，（2）加工生产商就是提供（3）材料的从业者。

图表 4-3　采购（Sourcing）的含义

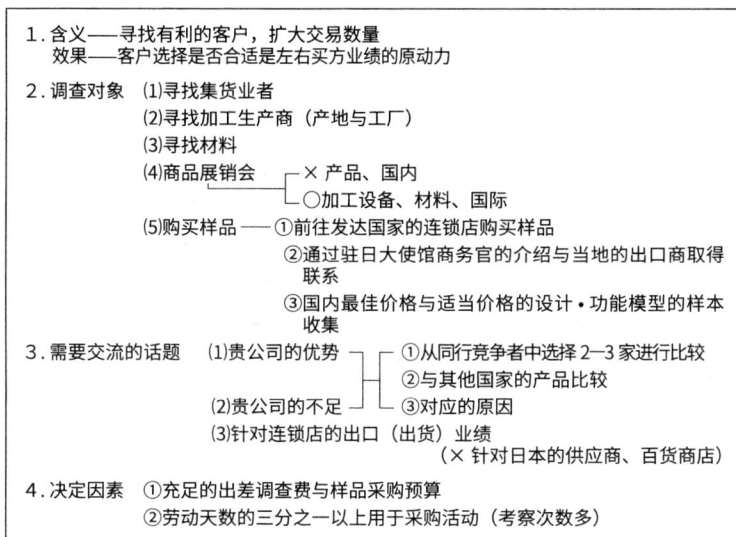

```
1. 含义——寻找有利的客户，扩大交易数量
   效果——客户选择是否合适是左右买方业绩的原动力

2. 调查对象  (1) 寻找集货业者
            (2) 寻找加工生产商（产地与工厂）
            (3) 寻找材料
            (4) 商品展销会 ——— × 产品、国内
                            └── ○加工设备、材料、国际
            (5) 购买样品 ——— ①前往发达国家的连锁店购买样品
                          ②通过驻日大使馆商务官的介绍与当地的出口商取得
                            联系
                          ③国内最佳价格与适当价格的设计·功能模型的样本
                            收集

3. 需要交流的话题  (1) 贵公司的优势 ┐ ①从同行竞争者中选择2—3家进行比较
                              ├ ②与其他国家的产品比较
                (2) 贵公司的不足 ┘ ③对应的原因
                (3) 针对连锁店的出口（出货）业绩
                              （× 针对日本的供应商、百货商店）

4. 决定因素  ①充足的出差调查费与样品采购预算
            ②劳动天数的三分之一以上用于采购活动（考察次数多）
```

而正如（4）所显示，商品展销会也应被列入调查对象。并且调查重点不在商品展销会，而在未加工材料和加工用器械的展销会。如果没有对材料和器械的知识，即便去到加工生产现场，也无法做出专业性评价。

还有一点不能忘记，就是（5）样品购买。连锁店的商品开发，并不是从无到有地去发明，而是对优秀事物进行模仿。综合了各种模仿的产物，才是连锁店的有效开发品，而绝不是从一开始进行开发。因此，首先应该去那些具有代表性的美国连锁店，购买店内被陈列最多的商品（畅销商品）种类作为样品。然后同种类的商品，每种都购买十个到一百个，并拿去给生产国的驻日大使馆的商务官员看，拜托他将生产者直接介绍给你。这样做的话，他就会为你介绍本地的生产者。然后要深入现场，能拿到和那家连锁店里的样品一样做法的产品就行了。至于之后的顺序，我会在后述的"畅销化的顺序"和"谈判中的期望目标"中进行论述。

在与对方的直接谈判中，应该也能够收集到同行企业中其他竞争对手的信息，"虽不中，不远矣"的程度就好。关键点不在对日出口业绩，而在对欧美连锁店的出口业绩。

当然，左右供应商开发成果的是4. ①预算；②不反对长期反复进行供应商开发活动。

第

5

章

通往畅销商品之路

1 // 畅销商品的科学依据

■ 畅销化的顺序

在商品开发的策划阶段中，实际销售的进展计划如图表 5-1 所示（波浪线是在第四章说明过的内容）。

其中的④（c）试卖环节，有很多企业都不实行。

但是无论进行多么慎重和富于科学性的探究，实际销售过程中，顾客的反应也都是未知数。

我曾采访过数十位全美顶尖的采购员和跟单员。他们中的所有人都说，试卖的成果是制胜的关键。首先在一家店，然后是三家、十家，再然后以地区为单位反复进行试卖试验，最后才作为畅销商品正式登堂入室。

并且在这之后，从⑥到⑨的顺序也必须遵守。另外⑩到⑫

图表 5-1　推出主打商品应遵循的步骤（可作为流程图固定下来）

---

①客户动向与热销品目的市场调查（店铺对比研究与资料分析）
②采购（全球范围内，拒绝供应商介绍）
③通过模型链购买样品
④测试　(a) 科学检查
　　　　(b) 试用（实际测试）
　　　　(c) 试卖［(1 家店铺→ 3 家→ 10 家或区域（area）→尽量覆盖整个地
　　　　　 区（zone）]
⑤规格说明书（重复上述①至④的部分内容）
⑥展示形式（及其成本计算）与 POP 广告的设置、联动试验的反复尝试
⑦以区域（area）为单位的备货情况
⑧ Mass 化特卖试验以及与其他店铺同一目标商品的比较
⑨以地区（zone）为单位的备货情况
⑩以 2 周为时限调查商品的销售量（决定是否继续）
⑪全店的备货情况
⑫每 13 周重新进行评估

< 不可或缺的条件 >
第⑥项之后，必须每 2 周从以下 3 个选项中择一处理
　　(a) 集中退回 DC 后进行倒卖
　　(b) 迅速将售价下调 3 成或 7 成
　　(c) 继续上市销售

的反省和讨论的程序也是不可或缺的。

　　其中我最重视的是⑥。这是因为商务部已经不懈努力至今，实际的店铺现场如何销售产品（广告策划）直接决定了产品的销路，这就是最为重要的原因。花费数年开发的商品终于要销售了，但如果销售现场的广告策划做得不到位，所有努力就会付之东流。

　　接下来请看表格最下方的"不可或缺的条件"这一栏。如果从一开始没有计划到这些内容的话，畅销化的成功也是没指望的。

如果发现⑥以后的内容没法办到，立刻放弃并撤回资金也是必要的程序。当然如果是畅销商品，就应当增加陈列数量和订购数量，并为实现大众化采取特别对策（向生产商大量订购，打出大幅度特价，并作为第三磁石、第四磁石商品陈列售卖）。

■ 实况调查和陷阱

原本，SB和PB都是应当花时间渐渐扩张的。从策划阶段开始就在媒体上大肆宣传，甚至在数十家店面同时发售，实在是乱来。

如果有商品售价再创大幅新低这种决定性优势的话，成为人气商品的可能性自然也就有了。但如果售价只是降低了一点点，更多地去依靠产品设计和购买者个人的感性的话，则难以保证获得顾客的支持。这就和赌博一样。比起存储，总是赌博蒙受损失的可能性更大。

欧美连锁店业在导入新商品时一般都按照科学的步骤进行。有必要沿着预先决定的顺序准备周全，一步一个脚印前进，确保将商品开发向成功的道路上引导。

所谓PB，就是各家连锁店企业所特有的产品。本公司的顾客想在某个时期购买某种商品，就必须适时生产发售这种产品。

为此，必须确立信息收集系统。

商品的人气原本就只集中在一部分种类的商品上，这是常识。任何商品都不可能平均销售。从其他公司的众多新产品中精心发掘那些凝聚人气的要素，重新定义其品质并进行商品化的技术必不可少。

在当今日本，"采购员、店长和售货员仅凭个人爱好，去卖自己想卖的东西"，或者"设计师从街头散步的年轻人身上获得灵感进行设计"，没有任何数据依据，习惯于全凭个人感觉采购配置商品。但是这样一来，计划出现偏差的情况非常多，企业的规模也不可能扩大。

最开始应该收集的信息，首先是本公司过去的销售量和业绩。见到了销售点数据，自然就知道了本公司的畅销商品。

但这里会出现的问题是，本公司的销售点数据里，只有"本公司采购商品的销售数据"。如果从一开始，本公司就没有采购过畅销商品，那么也只能到此为止了。即便是曾有过畅销商品，但中途脱销的话销售量也不会太大。这种情况下，即便在拥有大量库存的其他公司成为畅销商品，在本公司也不算畅销商品。所以它也不会出现在本公司的销售点数据中销售业绩的前列。

潮流商品

尚且无法判断能否热卖的新产品。高级时装属于此类商品。

店铺对比研究

对自身店铺和其他店铺分别进行调查、研究，分析其经营策略，从而对本公司应突出的经营重点进行判断的方法。

■ 店铺对比

为了补充畅销商品的信息，有必要对其他巨头公司进行商店比较。这是为了发现本公司不具备的当下畅销商品种类。这种情况下的调查对象是：①欧美大型连锁店的 PB 和大量陈列的商品；②欧美和日本的较高价格和常规价格的零售商的重点销售商品（作为设计和功能的参考样品）。毕竟本公司不是销售怪异女装的小商店。

在①所示的大型连锁店中，一般不要在无法准确预测销路的新产品上花心思。因此为了得到潮流信息，要多关注那些在将来有很大可能性成为高人气热销商品的产品。定期调查②中所提到的店铺。这是为了给以后的商品规划作参考。并不是说要向它的价格看齐，而是这些信息很有可能为我们提供一个进行权衡的契机。

例如在据说最难预测畅销商品的服装业，Zara 和 H&M 等拥有强势新产品的大型连锁店，Saks Fifth 和 Neiman Marcus 等专注于设计师品牌的潮流引领者，都应当被纳入调查对象的范围。

总店位于纽约第五大道的 Saks Fifth，每周一上午都会有各公司的采购员和调查员蜂拥而至。他们都来调查在周末热卖的

基础品目（Basic Item）
无论消费者如何节约都不得不购
买，与日常生活紧密相关且消费
量较大的品目。

商品的陈列数量。这时，断号的商品就是热卖的证明。

　　无论何种情况，想要发现其他公司的畅销商品就不能仅凭感觉。重要的是数据。要找到陈列数量和销售量大的商品。销售量可以由补货日和星期一的陈列数量相减得知。也就是说，每周要到同一家店调查两次。

■ 收集畅销商品的样品

　　那些基于数据证明的畅销商品，一定要拿到它们的样品。如果有不同的色号，就要把所有的色号一个不差地买回。坚决不能根据调查者的个人喜好感性地进行选择，并且其中陈列量多的色号，至少要买三件以上。这之后，需要把它送去进行科学检查。为了进行供应商开发和做出规格明细书，不仅需要进行分解，还要带着它去见卖主，把它租借出去等。由于要用于多种用途，一件样本是远远不够的。

　　那些海外的大型连锁店，深入研究畅销商品的技术很发达，因此陈列量多的商品销售量也大。所以只要依次购买收集各公司大量陈列的商品，就基本可以确定畅销商品的走向了。

　　同时，如果是和本公司基本原则（再节约的消费者也必须购买的大众化生活消费品）用途一致的商品，就会给它更换标签直接放到本公司试卖，因此原则上要购买十二件以上。

服装的话，春装是二月初上新品，秋装则是七月末左右上新品。这段时间去进行样品收集的话，会有相当丰硕的成果。

就这点而言，就算去一般日本店铺调查，也很难得知畅销商品是什么。货架上摆放多种商品，每种商品只有一点，从陈列上也看不出种类间的数量差异。与其说是同行难以理解，倒不如说顾客更加难以理解。这也是相当突出的问题。但即便如此，在调查几家具有代表性的企业店铺之后，也能找到一些共同点。

另一方面，进驻日本的欧美服装连锁的商品一定会格外畅销，所以要对同一店铺进行定期定点的反复调查。购买样品也是一样。

购买商品样本的预算，预先就应计算到开发费用里面。交通费等旅费也是如此。正如"人穷志短"这一俗语所说，使用的经费越少，得到的信息也就越少。大多数成功经营流通业者的品牌连锁店，都是由高层自己担任商品开发的指挥。自由使用预算，是商品开发成功的关键。

跟单员团队的成员星期一傍晚在总部会合时，应该携带各自收集的商品样本，以及速写、照片和附有图表数据的策划书。

不仅是服装业，非食品类的商品都会在周末大量流通，因此星期一总是非常忙碌。早上对上一星期的销售点数据进行分析，并在分析结果的基础上，外出进行其他公司的商店比较。下午完成一份基于调查结果的策划书，然后参加傍晚的商品策划会议。

在会议上，与会者全员被要求就畅销商品的要素依次发言。此时的讨论必须有明确的根据。因此数据的支持不可或缺。在日本，人们习惯于根据个人好恶和感性的说明来通过策划，也正因如此，开发出的商品非但不畅销，反而不受欢迎。

2 // 试卖的重要性

■ 提倡进行试卖

虽说会议上策划已经通过了，但并不是马上就会投入大量生产。首先要制作试验销售（试卖）所需的样品，确定可以实现大众化。

这种商品会不会热销，只有真正进行试卖才会知道。即使有过去的销售数据和其他公司正在销售的商品，但由于不是完全相同的产品和完全相同的销售环境，无法保证能否热销。所以要进行试卖。

如果只是在一家店里销售一两件产品的话，就没有必要进行试卖了。或者仅把预计生产的几百件或几千件产品分散到各店面中，卖完为止的话，那倒也可以。

经典商品
一直以来深受消费者欢迎的畅销商品品
种。占毛利额的一半以上，尤其需要在
商品的集中采购上下功夫。但在日本往
往容易被忽视。

　　但是，为了达到通过商品开发聚集人气，增加固定客源的
目的，大众化商品的开发就不可或缺了。

　　大众化商品分为两种，一种是每个季度都畅销的经典商品，
另一种是短期内销售量暴增的热卖商品。拥有三家以上店铺的
连锁店，一件畅销商品年销量可达数十万至数千万件。所以为
商品开发付出时间和金钱是十分值得的。

　　因此必须尽早通过试卖去发现那些值得进行大量生产的
产品。

　　现如今的产品生产，从订货到交货所需的时间正在逐年缩
短。全球化的配送系统和计算机技术的发展，使得生产地点无
论处于世界的哪个地方，只要事前准备好原材料，从订货到交
货都不超过两周。如果被生产商要求提前六个月订货，只能说
明这个企业并不是该生产商的优先交易对象。

　　日本众多零售企业，至今仍被生产商要求提前六个月订货，
这是因为工厂另有老主顾会进行大批量订货，为插入他们的畅
销商品追加订单而在时间上留了余地。也就是说只有在生产线
闲置的时候，才会去生产那些非老主顾的日本企业的商品。

　　生产商的意图也并非无理取闹。对于工厂来说，大量生产
同样商品既轻松又能提高利润率。所以在初期就大批量订货，

后期又追加订单的企业无疑会成为老主顾。

另一方面，日本零售企业大多生产多种产品，每种产品少量生产，如果只是些没有根据的预测订单，不会追加订货，这样一来难免会被轻视。

如果确立了试卖体系，就可以在每个季度前通过试卖来确定畅销商品，大批量订购也因此可能实现。而发展畅销商品的关键则在于构筑适合大量生产的短期交货体系。

■ 以区域为单位进行试卖

全国连锁店可以在试卖中得出比较准确的数据。因为可以利用各地温差，在本公司店铺进行试卖。

日本虽然国土面积狭小，但从气象厅发布的气温比较图可知，南北两端的温差在春季长达八周，秋季长达七周（参照图表5-2）。

因此，在所有店铺同时销售同一商品可谓大错特错。开始试卖之后，应根据气温变化，逐渐改变商品投入销售的时间，以此对畅销商品进行准确把握。如此一来就可以进行生产调整，增加或减少销售量，把价格下降和错失机会带来的损失控制在最小。

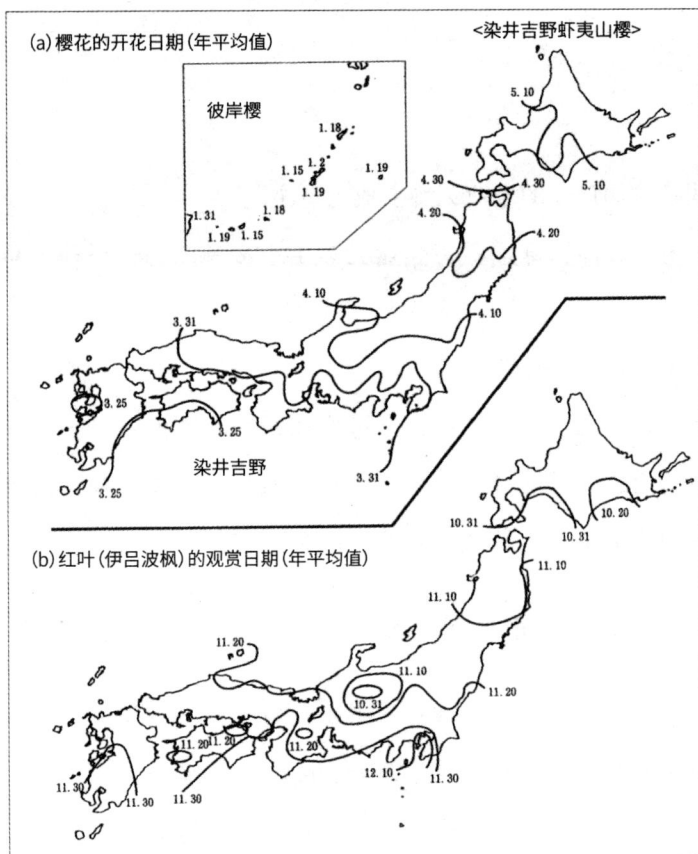

(a) 樱花的开花日期 (年平均值)

＜染井吉野虾夷山樱＞

彼岸樱

染井吉野

(b) 红叶 (伊吕波枫) 的观赏日期 (年平均值)

　　如果不是全国连锁，就在本公司位于大型商圈的店铺中进行试卖。大量顾客从广阔的空间范围集聚至此，喜欢新鲜商品的顾客所占比重就相对较高，这样更利于对有畅销倾向的商品进行初步把握。

　　欧美进驻日本的服装连锁店中，位于东京都中心的店铺在炎热的8月还会销售毛呢大衣，这是因为有的顾客喜欢买反季商品。那些可以为我们提供畅销商品信息的，喜欢新鲜商品的顾客并没有预期那么多。但是正因为是大型商圈，顾客数量多，其中混杂着一种特殊顾客的可能性也比较高。这种顾客买了衣服虽然不一定马上穿，但因为特别想要还是会购买。

无疑，样品数量越多就越能准确判断畅销商品。但即便是少量的样品，也远远好过采购员一个人胡猜。

试卖商品应当陈列在商场中显眼的位置。为了及早得出结论，应当把沿着主道的第一磁石或第三磁石区域分配给试卖区。即便不大量陈列，也必须增加面对顾客的陈列面积。也就是说，要促使商品形成一个区域冲击顾客的视线。为了调查不同色号的销路，各色号的商品的陈列数量和陈列方式要相同。在同等条件下进行比较，能够得出更加精确的调查结果。

试卖样品产量必须达到一百件左右，因为至少要在三家店面进行试卖。大量生产和在同一工厂进行生产都是可选择的方法。但考虑到时间问题，这种样品生产还可以选择国内工厂。有的欧美连锁店总部附近另外设有专门试做样品的工厂。或者也可以灵活运用空运。

正如先前所述，试卖也分不同阶段。判断该商品能否成为策划对象的第一阶段试卖，只在一家店面进行，由十件左右的商品即可得出结果。把其他公司的商品换掉标签，并在本公司试卖，就属于这一阶段。

当然也有用少量样品进行试卖的情况。但如果数量不够吸引顾客的眼球，就无法引起关注。这种情况下六件商品是最低限度。

在这一阶段，比起是否畅销，更重要的目标是观察顾客对于该商品的关注点在哪里。

■ 充分利用动力测验

在试卖中被证明畅销的商品理应马上投入大量生产，但另一方面，我想提倡实施动力测验。没有必要次次进行，只对难以把握的商品种类或当竞争关系发生变化时实施足矣。

动力测验要选择处于不同商圈但经营效率基本相同的店铺，变换每家店铺的售价进行试卖。目的在于弄清在本公司的价格政策范围内，能够取得最大的市场占有率并确保最高毛利润收入的售价是多少。之所以选择不同商圈的店铺，是因为同一位顾客不大可能光顾不同商圈的店铺。这就避免了因同一商品价格不同而带来的混乱。

这个动力测验的首要目的就是调查商品以多高的价格出售才能确保最大毛利润。一般来说，价格越低单个商品毛利润就越少，相反销售量就会增加。但是根据商品种类的差异，降低售价也无法提高销售量的情况也是存在的。

根据上述平衡关系，要找出能够最大限度确保利润的售价。当然，这个售价要在本公司的价格带允许的范围内。为此，要点在于尽量选择三家条件相同的店铺。

动力测验的第二个目的，在于决定商品的"跳楼价"。要认清究竟将售价定为多少才能使得销量暴增。

只要畅销商品还在持续销售，就会追加订单进行补货。但如果是应季商品，为了能将季末剩余的商品迅速售完，必须知道能达成这一目标的售价。在商品没有像试卖结果显示的那般畅销，低于预计销售量的情况下，也需要采用这个价格。

对于顾客所期望的商品价格和品质特性，我们都可以进行某种程度的预测，深入进行间接的信息收集。但只要不进行试卖，真正的数据就无从得知。首先，大众化的日常用品在大量生产之前会按照不同风格、颜色、口味进行试卖。根据试卖，首先要开始削减款式和颜色的数量以及口味的种类。

将以前的八种色号减为四种，再减到两种，只应付畅销商品。然后确保与各销量相符合的商品数量。即便是畅销商品也不可能平均销售。这样一来就能够避免不受欢迎的商品出现，也不至于因为销售点数据上没有体现而错失良机。

若能埋头钻研科学预测销量的技术，准确度就会渐渐提高。

试卖不只是开发商品的问题。采购商品也是有条件的。在商品采购中，正式签订契约前会进行多次变动。当商品畅销后想要进行追加时，如果交易中的卖主没有库存，寻找其他公司也能够确保数量。

第

6 章

进行商品开发的准则

1 // 连锁店的商品开发准则

■ 商品开发的行为本质

连锁店之所以要特地进行商品开发，是因为现有产品不能够充分满足大众的日常生活需要。

从而：

①连锁店的商品开发是为了补充现有的生产商没有制造出来的产品，而绝不是对现有产品进行模仿。也就是说，如果仅仅是和 NB 存在些许售价、重量或包装设计上的差别，则不能称之为商品开发。连锁店的相关人员必须首先认识到这一点。

②必须更加适应使用（或食用）需求。也就是说必须实现价格的大幅下降（至少三成），或是能够弥补整体搭配上的不足。例如，就品质而言，售价过高等生产商所特有的对于品质

问题的顾虑（多表现为对于高档、高质量的追求）都是不恰当的。

③应当开发就时间、地点、场合、生活方式而言都被频繁使用的日常用品。这是极重要的条件。

④对于那些已经拥有压倒性的市场占有率，且生产商相对固定在1—3家的NB的商品类型，不适合作为商品开发的对象。这一类商品已经最大限度地实现了批量生产，因此在品质相同的条件下很难再从中获得利润。这也是各连锁巨头在四十年来的商品开发中得到的经验教训。如干电池、各个年代不同类型的电视机、罐装啤酒、连裤袜以及避孕用具等。

在那些已经实现批量化生产的领域，无论产品销路有多好，各连锁店也都很难凭借商品开发取得更具优势的地位，因此应当回避。这些领域的产品基本已不具备对功能和品质进行改善的余地。虽然从使用的角度来考虑的话，也会生产出每箱的含量并不适用的洗涤剂或纸巾之类的产品，但这类产品无疑很难成为PB，只有部分发展成为SB。

⑤但是将上述④反过来考虑的话，也有一些领域的产品，即便只订购一千件也能算作批量化而降低成本。这种产品就是生产商也不会进行大量生产。比如小型家电、组装式家具、刺

绣毛衣等。马肉和羊肉的调味品和方便食品也属其中。

⑥对那些销路正好的名牌产品和畅销商品进行设计和功能上的明显变更，亦可视为"与众不同的改良"纳入考虑。

⑦当然，首先应当重视美国连锁店那些销路良好的畅销商品。

⑧最后，对于 LB 的批量化生产，从商品开发一开始就应给予重视。

■ 数值相关的经验准则

通过欧美连锁店在一百五十年的商品开发中获得的经验，可以确定以下 5 个数值。

①毛利率高于业界惯例或本公司平均水平的 5 到 15 个百分点。(即能够实现相应的价差，提出更低廉的零售价格。具体来说，零售价格的指标＝FOB×3.5。也就是说必须使采购成本接近生产成本，并且直到销售完成为止，要彻底简化操作和业务，削减成本。)

②奉行以两周或四周为单位进行交货的原则。也就是说不要让所有货品一次性交货。这是考虑到一旦产品中途销路变差（即便已反复进行试卖），需要对交货量进行调整（即便要因此

图表 6-1　经营品种中开发商品的最佳构成比（○表示最想强调的数值）

	品目数	陈列量	销售量	销售额	毛利额
第 1 阶段	1 成	5 成	○5 成	5 成	4 成
第 2 阶段	3 成	7 成	7 成	○5 成	6 成

提高契约规定的交易成本）。在日本也应采取这种思考方式。

③在保证质量相同的前提下（最好也保证价格相同），能够无限扩大数量上的供给。

④商场销售的商品中，产自外国的商品所占比例以五成以上为基准。

⑤在所销售的商品种类中，经商品开发的产品所占比例的基准如图表 6-1 所示。

■ 商品开发的轨道

这里所谓轨道是指不可偏离的方针。但在实际中，不可为而为之的情况并不少见。我们将各种情况按照对错划分，总结到图表 6-2 中。

首先请看 A。在日本，有意向发展为连锁店的企业在进行商品开发时，常常会在宣传中声称"与百货商店出售的商品品质相同"。但这是作为连锁店最为忌讳的行为。因为在这强词夺理般的说辞中，已经包含了"百货商店销售的商品，品质和功能十分优秀"的深层意味。即便是在百货商店的商品逐渐向连锁店商品靠拢的美国，其商品售价固然已经低于中等价格，却仍不免高于连锁业巨头打出的低廉价格的两倍之多。而日本百

图表 6-2 商品开发的轨迹

	课题	×	○
A	对象	与百货商店的商品品质相近	①当前的畅销品（但须尽量避开生活必需品） ②选择 NB 以外的领域
B	零售价格	低于现行价格的 1—2 成（实际上是 FOB 的 8—12 倍）	面向国际市场（日本的 1/3—1/2）（FOB 的 3.5 倍）
	毛利率	低于整体行业利率	+5—15 个百分点
C	品质·功能·材料	完全委托供应商（品牌联合化）	①考虑顾客的利益，由本公司自行决定（折中选择） ②使用规格说明书明确规定
D	加工者	委托采购供应商	深入交流访问，建立联系
E	买方行动	(1)未进行实地考察（数年 1 次且止步于办公场所） (2)当地供应商（贸易公司）	(1)每年实地考察 4—10 次（本公司 PB 商品生产期间在现场参与） (2)工厂·栽培（收获）地
F	试卖	无	每次更改规格说明书时均须制作样品进行试卖
G	交货单位	1 季度或半年	2—4 周的销售预订量
H	商品知识	照搬贸易公司·NB 制造商所主张的"高品质"相关说明	(1)材料和加工方法不同时的商品品质 (2)消费者要求的必备（合理）性能·功能（好坏条件） (3)成本结构 ①材料费 ②设备费（折旧费·关税） ③物流费 ④加工人工费 ⑤企业利润的区别

货商店的售价比起美国有过之而无不及，都是远高于中等价格，甚至达到最高昂价格的奢侈品等。这与连锁店所追求的大众化商品和实用品的目标大相径庭。日本百货商店只从事分店经营，而其中售卖的商品都来自生产商和批发商。在那里出售的商品，其品质和功能都完全不符合连锁店的需求。

然后正如先前所述，要持有一种思路，即应当在没有被 NB 占领的领域进行商品开发。

B 也是很重要的条件。如果只是比现有商品的价格低一成或两成，效果上并不会同其他公司有明显的差别。连锁店开发的商品从一开始就应以降低三成甚至七成价格为目标。这就是前述的 FOB 的 3.5 倍之说。

C 同样如您所知，把品质、功能和材料完全委托给卖主是相当不合理的行为。但是最近在某电视节目中，自称连锁店的某巨头指责卖主产品品质恶劣，命其寻找更优质的产品。随后画面中就出现了卖主深入产地的场景。这种思考方式是完全错误的。

对于连锁店来说，独立的产品规格明细书十分重要，而明细书内容相关的条件已在本书详细列出。

如 D 所示，产品加工商也应由本公司亲自寻找，直接与之制定规格明细书，绝不经过卖主的环节。进而通过商品的包装，对顾客"品质保障，并拥有解释权"的必须是连锁店。不能像有些企业那样，把"订货者"或是"销售商"作为招牌，而是要成为在店面售卖某种商品的连锁店企业。如果不能做到这些，就无法实现品质上的改善。

■ 采购员的产地访问

E 说明了采购员直接去到生产现场进行考察的必要性。

我们在中国和越南的工厂进行日本连锁店品牌的生产状况考察时，通过直接询问工厂方面得知，甚至有连锁店的采购员或跟单员从来都没有到过生产现场。如果是在欧美的连锁店，在公司自营品牌的产品生产过程中，是一定要到生产现场查看的。当然，在这之前进行样品试做和商议规格明细书时早已进行过数次访问。"从没来过"这种事，绝对是不可思议的。

但是在日本，采购员因为供应商和商社巨头提供了优质的服务而没有去过现场的荒唐事极为普遍。

H 所示的商品知识中，连锁店的选择将成为决定成败的关键。除了便宜的价格之外，消费者在品质和功能方面究竟对商品有哪些需求？或者有哪些功能和品质至今从未被实现，因而消费者也不抱期待？这些品质和功能体现在什么样的商品中，会使人们大喜过望狂热购买？这些都是要考虑的问题。实现这些对于消费者来说必要且适宜的品质和功能，正是连锁店进行新商品开发的目标。这固然十分困难，但克服这些困难正是连锁店的抉择能力所在。

F 所示的试卖、G 所示的交货单位、H 所示的商品知识中的"成本结构"都已经在前文中提到过。

2 // 商品开发的计划和步骤

■ 商品开发计划书的方针

在企业进行商品开发的过程中，总有很多有心的跟单员或采购员在暗地里默默努力。这些人往往不与人亲近，人际关系也不好。所以往往没有经过关于其开发方向是否合理的讨论，商品就已经开发完成了。即使销路不错，其开发方法在公司内也不为多数人所知。

我希望至少在今后的商品开发中，产品部部长和负责组织开发的员工能够通力合作，将这些特定的少数人向连锁店该有的努力方向去引导。

这时，商品开发计划的方针和订货对象应具备的条件的相关内容，都归纳于图表6-3。

图表 6-3　商品开发策划的内容（开发策划书中应当体现的内容）

> A．方针
> ①弥补 NB 商品的缺陷
> ②在 NB 商品以外的领域，进一步稳定或提高现有品种的品质
> ③弥补协调搭配上的不足
> ◇④日本国内无法提供、模仿美国连锁店经营的商品
> ⑤高市价商品的替代品或价格大幅度下跌商品的囤积
> ⑥对热销商品进行细微更改后的低价商品
> ⑦满足合理生活方式的商品
> B．订购方的条件
> ①通过规格书向 AA 级制造商、一流产地订购（NB 代工厂 SB）的同时，通过相似的规格书向新兴制造商、产地订购（PB 代工厂 SB）
> ②灵活选择批发中介、中间商、产地采购商（根据不同商品选择分销商）
> ③进行下述 5 项变革→加工前的半成品（材料）、加工设备与加工工序、加工地（加工工厂）、运送、保管方法
> ④逐步大量增加

如方针中①所述，首先要理解 NB 的缺陷，并能够以品质弥补这些欠缺。这不能仅停留在商品开发负责人的希望，而是要切实落在规格明细书的书面上。

当然②是很重要的着眼点。商品应当价格低廉，且具备 NB 尚不具备但消费者迫切需要的品质和功能。

但是自进入 21 世纪，日本较为先进的连锁店已经同美国一样，开始注重整体搭配了。例如同一款式或风格的服饰，包括帽子、上装、下装、袜子、鞋、皮带和装饰品。要将这些产品组合起来，统一成适搭的款式进行生产。当然这些产品各自属于不同的加工行业，因此要实现风格统一和色彩协调着实困难。为此在产品加工阶段，原料、材料甚至染色机器和加工顺序都要进行变更。但是在欧美连锁店中，仅在一家店面的一处三十

无怯无畏
无须畏惧或退缩。

坪或六十坪柜台，就可以用超过十种商品实现这种整体协调。这是非常有吸引力的。

在生活用品中，甚至仅在饮食生活方面，如果能够实现卡路里、调味和情调甚至器皿和餐具的整体协调，生活就会一下子充满情调。也正是这种整体协调的不断发展，才能称之为连锁店商品开发的成果。

为此在◇所标记的④中，我们进行模仿的具体行动包括：a. 在美国购入样品；b. 到驻日大使馆请求介绍该样品的成品生产商；c. 在当地入手该样品并进行模仿制作。

这是可以在两个月内实现的、最为便捷的方法。

再往后的⑤和⑥也是重要的切入口。⑦是可以通过在美国连锁店不断购买，获得很多线索。

■ 订货对象的选择条件

接下来说的是 B 订货对象应具备的条件。①中所谓的 AA 级，指的是生产美国超 A 级连锁店的 PB 的制造商。如果这太难做到的话，就去次一级生产国的次一级制造商那里查看。这时候"无怯无畏"是十分必要的口号。

此时能够将在什么地方有类似商品生产的信息提供给我们

的是②所示的中间批发商、中介、产地中介，有时候也会是销售代理。

③中具备（1）—（5）几个条件。在商品开发计划的规格明细书中，如果不能对③中所示的五项进行突破的话，整个商品开发计划将会失败。从负责人的角度来看，③也是产品部需要在会议上实现突破的难关。

关于④也正如先前所述那样，商品开发虽然以大量销售为目标，但不能马上进行大量采购和大量交货。订货数量应当逐渐增加。这三十年间，但凡将日本采购员带到国际商品展销会上，到第一天下午三点就一定已经出现高达数万件的大量订购。因为对方威胁如果不能谈妥每次的交易数量，交易就不会成立。

样品确实不能只有一件，而是需要在十件以上。因为样品要用来：①送到检查部门检查用；②生活试用（必须由数人进行）；③试用合格后进行试卖（一家店、两家店、三家店的试卖），最后要经过区域试卖这一谨慎的步骤。

但是如果在试用阶段发现品质和功能不符合要求，规格明细书就要重新返工。所以在科学的检查和试用之后、进行试卖之前，样品试做往往会重复进行三到十次之多。正因如此，明明应该达成样品交易，为什么会变成直接大量订货？这是我所不能理解的。

在这个过程中，日本群众（而非这一领域的专家）进行试用是十分重要的环节。在这之后才会每几个月、每几年逐渐实现大量订货。

■ 商品开发的基本程序

接下来论述在商品开发项目的运营中，项目委员应提前了解的八个问题。

在日本，只要上级认同，产品部长会被轻易委以商品开发的任务。在形势严峻时，也会由公认有才干的资深采购员来承担这一任务。因此商品开发的程序往往被极少数人左右（甚至是任意妄为），在这种敷衍的行为之下，开发出的产品可有可无。结果一两次之后，供应商开发的预算被取消。别说国外，就连去国内生产地的出差费用也没有。准确来讲，对于营销部和店面运营部来说，开发出的商品只有在进货后才知道，和从卖主处进货没有区别。有跟单员曾对我哀叹，即便这些商品的开发耗尽心血，公司也不会对它信赖或喜爱。

这都是因为商品开发被高层管理当作项目去做，而没有将其定位为应当由董事决定的重点政策。这里所谓的定位，明确

图表 6-4　商品开发的基本顺序

```
1．发掘需求（此前没有的商品）
   ⑴生活的不便
   ⑵美国连锁店经营且尚未引进日本的商品
   ⑶日本国内其他公司"不为人知的新兴畅销品"
2．确定方针
   ①由谁执行　②按单一品目进行还是多品种并行　③ SB 化（优于 NB 的低价
   格）还是 PB 化（在 NB 以外的领域折中选择主力商品）
3．首先进行原料采购（寻找原料和产品加工的生产者，美国连锁店、日本国
   内外等所有类型的产地供应商）（不可使用对方自荐的策划）
4．确定顺序
   ①科学检查　②试用（实际测试）③试售
5．查找开发品的缺陷与弱点→对照规格书的变更内容反复尝试（材料与加工
   方法的变更）（之后须重复步骤 4，不可省略）
6．探讨扩大·持续的可能性（即使销路良好也会迅速断货）
        ┌─(1) 确保数量
     安 │ (2) 严格遵守交货期限
     心 └─(3) 维持品质＜食品在收获（烹饪）后的即刻处理＞
7．针对临时·短期·紧急追加生产体制的创建构筑供应商信息提供系统
8．积极的促销项目（以销售前提高商品在公司内部的人气为前提）
   (1) 店铺工作人员试用
   (2) 顾客试用
   (3) 与卖场联动（广告、陈列方式、陈列量以及 POP 广告）
   (4) 开始时的集中重点宣传与试用促销 ──┐加大造势力度
   (5) 开始时的特价 ──────────────┘
   (6) 便于管理的交货单位与包装外观 ──┐Floor Ready
   (7) 可直接用于 Mass display 的外箱设计 ┘Merchandise
                                      (FRM)
```

包含以下八项。

请看图表 6-4。

1. 在日本，白费心力进行多余的商品开发的情况屡见不鲜。至少应当将满足（1）—（3）需求作为推进开发计划时必不可少的原则。也就是说，应当明确阐述进行商品开发的具体原因，即"目前为止日本尚没有该商品，一旦生产，消费者会乐于购

买"，并且必须得到委员会的承认。这时不需要专业论调。能够让外行人瞬间会意的独特之处，才是连锁店该有的正确选择。

2. 明确的方针不可或缺。但是根据我对已开发商品的观察，这个目标十分模棱两可，因此在针对①—③提问的时候，相关人员都推卸说这不在自己的职责范围之内。

3. 不能仅仅是找到卖主，而是必须要求员工说明在供应商开发方面如何付出辛劳。

4 & 5. 关于这两个步骤，先前已经有所论述。再次重申，商品试卖必须留有足够时间上的余裕，用以进行（i）一家店铺的试卖，（ii）三家店铺的试卖（iii），十家店铺的试卖，（iv）区域试卖。一定会有人认为进展太慢，但应注意的是，在这段期间，每次试卖后都会重新调整规格明细书，制作新样品，并进行科学检查和日常试用，所以绝不会造成损失。

■ 如何培育畅销商品

6. 销路不好固然带来困扰，但实际上销路好的时候才是问题。良好的销路，容易让人因走运而大喜过望，但同样可能乐极生悲。这就是在库存不足的时候，而且不是所有同时开发的单品都售罄，而是仅局限于其中极少的几种。

这种情况下采购员会追加订单，但生产商却未必能及时生产。原因有如下四条：

①加工前所需的材料和半成品无法集货。

②工厂（相应的加工器械）不到位（正在加工其他的订单）。

③操纵加工器械的工人人手不足。

④加工完成的成品，物流配送不顺畅。

7. 为避免以上情况，应预先从其他途径订货。能介绍这些途径的，多是批发商、中介和销售代理等信息部。

进而可知，能否持续扩大生产，问题就在于采购员或跟单员在最初开辟生产途径的时候，有没有在每个加工阶段都准备针对产品脱销的订货途径替换方案。一种方案顺利进行后往往令人觉得侥幸，进而不会去寻找第二种、第三种方案。

另外在初始阶段，依照本公司的意愿一次性订购大量产品的情况并不少见。这是十分离谱的错误。即便预计需要十万件产品，也必须提前与生产商签订合同分三到五次交货，如第一次交货四万件，第二次是三万件，第三次是三万件。根据实际销路，从第二回开始也许需要订购远高于原计划的数量，但反过来也有可能需要大幅减少。当然根据增减幅度，需要以合同规定为基准支付一定补偿金。但即便如此，比起收到大量卖不出去的产品，损失也低得多。

8. 开发品交货后，需要在店铺附近进行活跃的营销活动。日本很少有这类活动。即便 NB 的新产品也会进行相应的宣传，所以我们也应不遗余力地开展营销计划。但实际情况是，在商品开发的预算中，营销费和前期的宣传费用往往是不包含在内的。

商品开发基本涉及以上八条。所有项目的进行都应严格按程序进行编排。

3 // 进行商品开发的要点

■ 常见错误

接下来总结一下在商品开发中出现的过失。特别是许多有关商品用途、品质和功能的错误认识。

A. "产品同 NB 相差无几，价格低于 NB 一到两成"。正如前面所批判过那样，连锁店没有必要为了这种程度的价格差而特地进行商品开发。

B. 针对某一类商品而非某种商品实行营销计划。这样做的企业很多。虽然有营销计划和预算，却不是为了某种特定商品。比起对于某一种类的宣传，顾客更希望能确切了解某一具体产品。

C. 对用途的错误说明。从制造的角度叙述产品特征是没有用的，甚至经常还是有害的。应当从使用的角度来说明产品特征是否便利。在说明柑橘的时候，与其说明它是"温室果蔬"或它的产地，不如直接说它甜更有说服力。与其说明一件产品的材料如何，不如说它可以用来干什么以使消费者更加会意。

D. 比较与众不同的产品。缺乏经验的采购员往往青睐这种产品，有的巨头也专程雇用优秀设计师尝试此类产品。无论多么有名的设计师，或者应该说越是有名的设计师，越想要设计出非自己想不出来的与众不同的新奇作品。

但是连锁店需要的是基本的大众商品和实用商品。即便这种商品是时尚的，也绝不会是最为新潮的或引领潮流的。在食品领域，那些产自特殊地域的所谓"美食"，由于大部分人都难以接受，所以也不适合连锁店。

E. 从生活必需品（已经被 NB 的生产商纳入批量生产体制的产品）入手。虽然这类商品是基础的大众商品和实用商品，但由于其品质和价格都十分受消费者青睐，所以能够重新利用到连锁店中的余地已经不大，而且这一领域的商品毛利率也不容易确保。这样一来，连锁店只能把实现更低的价格作为对策。

F. 采购员的个人发明产品。这种商品会暴露个人在知识、经验的质和量上的不足。比起这种产品，首先应该对美国连锁店巨头的畅销商品（即店中陈列最多的产品，而非日本的采购员凭主观判断的产品）进行模仿。为此应当去现场，进行各种商品的实物采购，包括衣食住行相关的产品。然后由本公司职员亲自试用，进而判断其价值。对商品开发来说，重要的是"模仿"而非"发明"。

G. 专柜制。在店里分隔出一小部分空间，用简易墙壁围成柜台，然后在这里售卖精心开发的特别产品，与其他以 NB 为主的商品进行区分。但是为了打入 NB 的领域，不可以用被分割的独立柜台售卖 PB 或 SB。

H. 忽视色彩搭配。商品面向顾客的一面被称为"门面"，而这个门面的区域，应当以美丽的色彩诉诸顾客的视觉。如何让产品在同别的产品一起被大量陈列的时候保持良好的视觉感受很重要。这需要由对色彩搭配极其敏锐（拥有专业技巧）的人来进行掌控。总体来说，在大片深色区域中混入少许原色和荧光色的不协调的搭配方式，在日本是极为常见的。

I. 不进行试卖。原因在于只重视采购员，而忽视了把握进度和负责核查的人员。这样一来，试卖就成了不具可行性的计划。

图表 6-5　商品开发时应重点探讨的项目清单

> ①在市场需求与权衡调整方面具有何种优势（是否真正具备使用价值）
> ②选择 PB 还是 SB（是按本公司专有的规格书制造的商品，还是与制造商联合生产）
> ③毛利率预计可增加多少百分点（增加 5—15 个百分点为必要条件）
> ④加工阶段的损失率（原则上在装船完成或从最终加工厂出货时在当地委托检测人员进行检查）
> ⑤在保管（储存）与运送环节能否维持商品品质，进口通关时间能否满足预期
> ⑥将交货量分为 3—5 次，能否严格遵守交货日期
> ⑦运输打包、陈列外观、零售包装是否便利（是否切实有利于作业的简化）
> ⑧店内销售阶段的现场管理是否便利（解包、摆货、陈列的前进立体化、POP 广告的装卸）
> ※⑨考虑原料与材料的品质维持和数量扩大的可能性，决定是否持续采购（为了确保原材料品质的稳定，长期持续供货）
> ⑩是否与卖场联动（是否大力采取促销策略或在现场进行特别展示）

J. 快餐业和便利店从来都只专注于基础品目。这种努力应称之为"模范"。快餐业和餐厅的菜单有何不同？便利店比超市更早涉及饭团和低价位的化妆品。这是从顾客方便的角度做出的选择。

K. 本公司的职员和临时工都不愿购买的商品当然不会是好的开发品。在作为开发品正式销售之前，甚至在面向普通消费者的试卖之前，应该首先面向本公司员工进行试卖，并由员工来进行充分的试用。

■ 商品开发时的重点讨论项目

图表 6-5 是在商品开发开始后和销售完成后，需要前后两次分别制作的核对清单，也是必须实行的项目。其中⑨尤为重要。

图表 6-6 商品开发原则的日美对比

		◎美国连锁店的原则	×日本连锁店的原则
SB	品质	通过权衡调整更改商品品质（否定对制造方有利的价值，从使用者的立场出发，实现合理的品质与性能）	确保相同品质，减少容量（坚持从有利于制造方的角度考虑，视高成本为高级）
	单位	(1) 改变数量使商品便于使用和购买 (2) 与其他品目、品种进行组合，提供便利的搭配	(1) 减量原则（通过减少原材料来降低成本） (2) 单一原则（完全不考虑商品间的组合搭配）
	原材料	各地寻找采购	委托给供应商或制造商
	成本	改变原材料和加工方法从而实现商品必要的品质	(1) 减少加工商的利益 (2) 使用劣质材料
	加工商	改变行业惯例	遵守行业惯例
PB	风险	己方	以"合作开发"的名义推卸给供应商
	原材料	从种子·原材料阶段开始签约	委托供应商
	供应商	灵活选择并组合多种类型的供应商	直接联系某一家供应商或制造商
	体制	追加生产方式	批量生产方式
	改善手法	品种（生产者）之间的协调搭配	临时设想以及委托给供应商或制造商
商品的情况委托A级制造	订货	(1) 生产前预定订货数量 (2) 事先预定追加加工量及期限 (3) 作为生活必需品不耗费经营成本	(1) 生产后就大量采购展开交涉 (2) 库存过剩时仅选择压价购买 (3) 想方设法现场高价出售
共通	促销	密集·持续·大力度	仅在卖剩时开展
	实际测试	由工作人员反复尝试	无→无人气·滞销
	试售	得出可靠结果之前反复尝试	

图表 6-6 是日美商品开发准则的比较。前述的核对清单是过去四十年间根据日本连锁店的商品开发得出的经验准则。

上表可以用于公司内部讨论，也可以灵活用于对自己的行动进行分析。只要仔细阅读，一定能够深入理解至今为止我所论述的要旨和需要注意的地方。下方的"委托 A 级制造商的情况"也是根据以往经验提出的。

▉ 真正的决定因素是什么

在国内外，连锁店在进行商品开发时有七个重要的观点。总结说明如下。

1. 领导者发挥的作用是最大的决定性因素。也就是说领导者亲自跟进商品开发的进度。商品开发的负责人员以及为此进行的调查和准备预算，都应当由领导者直接决定。如果交给人事和财务负责人，由上级直接负责的感觉就会消失，商品开发随之停滞不前。

2. 要负责商品开发，连锁店相关的理论知识必不可少。若不具备相关理论知识，就会对连锁店本应追求的妥帖、便利和轻松感到松懈，自然也就无法超越欧美连锁店的先进轨迹。因此流通业的商品开发容易生产出自以为是的高品质化产品。只关心周围的店铺，是不可能真正实现商品开发的。

3. 顺序严格遵守定式。

①在全球范围内进行纵向的供应商开发

②根据规格明细书反复试做样品

③科学的检查和反复试用

④每一次试卖

⑤大规模营销活动

⑥目标是成为第四磁石的常规化商品

4. 产品品目齐全的产品部，不应当往店铺主动运输商品，而应当由店铺主动订购。因此有必要主动对店铺说明试用和试卖的结果。同时还需要主动防止断货发生。为此需要特别注意订单追加和集货。许多开发品一年之后不再得到那么多青睐，这是因为产品在刚开始销售的时候，由于很受欢迎而容易断货，商店往往因此受到顾客的抱怨。可见商品一旦开发成功，最大的问题就是销售现场出现断货导致商店不再青睐该商品。故相关负责人要密切关注这类动向。

5. 让店家意识到这是一个新品牌。这与先前所述的不出现断货的问题互为表里。

6. 应当让公司内外都认识到我们是刚开始在商品开发领域掀起符合连锁店本色的流通革命。为此必须在价格、品质和销售方法这三个领域都实现划时代的飞跃，这是相关人员都必须铭记于心的。

7. 最后的重点是，职员必须持续购买这种开发品。如果他们不再购买，则可理解为该商品不再具备价值。相反销售量逐年增加，持续进行批量化生产，并实现标准化的商品开发顺序，是商品开发成功的关键。

第 7 章

售价与成本价

1 // 商品的价值与廉价追求

■ 什么是廉价

商品的价值是由售价与商品品质之间的关系而定的。其价值用英语来说叫"value"。因此售价是否合适，通常是由其与品质之间的平衡关系而定的。连锁店必须把"品质相同价必廉"作为经营信条。

顾客所认为的"便宜"：

（1）商品功能理应具有的价格大幅度下降的时候（从连锁店经营法则的角度来讲，大幅度指的是打三折和打七折。不是打一折、两折，也不是打五折）。

（2）非常醒目的时候（对店里的顾客来说，容易理解）。

为此，以下三点是必要的：

图表 7-1　用语的区别

	改革对象
· cheap	流通习惯
· discount	生产习惯
· discounting	上述组合

hotter price 的条件

①售价（价格排列）种类少；

②项目种类（不是商品种类）的陈列数量多；

③使商品能够映入顾客眼帘的特殊的广告策划。

在美国的连锁店里，有一种表示廉价的方式，叫"热销价格"。对于顾客来说，"低价"的意思可以用图表 7-1 中的三种英文的意思来分别表示。换句话说，"便宜"是变革流通习惯（采购、零售方式）上所指的廉价，一般打三折到五折。与此相对，"打折"指的是在变革生产及物流业界的习惯上出现的廉价，通常是打五折到七折。同时实行以上两者的店，用"discounting"来表示。换句话说，如果不从"SB"创造时代进入"PB"创造时代，就无法完成"discounting"型的转变。

因此，被日本大众传媒用"discounting"型来形容的商店，实际上充其量只是一部分商品打一到两折。所以即便是便宜，也并未打折，只是挂羊头卖狗肉罢了。因为大多数情况下，日本的大众传媒仅从企业好的方面取材，然后原封不动地进行报道，所以务必注意，切勿囫囵吞枣。

■ 什么是 ESLP

进入 21 世纪，在日本流通业非常流行限时一两天的单品特

季节性品目（Seasonal Item）
无法持续销售至少 13 周的品目
（通常为 2—6 周）。短期集中销
售的特卖商品。

卖。因为是批发商、零售业和餐饮服务业通过自己掏腰包来临
时降价，所以也仅是昙花一现。

与之相对，连锁店实行的价格政策的宗旨是"每天都有低
价"（ESLP）。在美国更多的是"EDLP"，"D"就是"天"。因
为想突出保持同等价格，所以日本零售中心的所有正式场合中
都将"EDLP"改成了"ES（Same）LP"。虽说美国的连锁店在
广告期间打出的新价格指的是在截止日期之前价格不变，但是
在截止日期过后价格进一步下降的情况也是常有的。而日本实
行的是短期特卖，从广告截止日期的第二天开始就涨价了，这
一点与原来美国的是不同的。

ESLP 原本的意思是每天都是这个价格，条件是：①在所有
的部门；②逐渐能销售的商品（畅销商品）；③受欢迎的价格
（畅销价）；④日常销售。不拘泥于特卖期间才是关键。

畅销商品应具备以下五个条件：

1. 受欢迎的商品（不是一时的）；

2. 所经营商品种类的 5% 是大众化商品；

3. 分布在不同商品经营部门的商品（集中于少数特定的部
门仅是生意上的策略）；

4. 包含季节性品目；

5. 供给充足的商品。

此外还有类似于"畅销价"这样的术语，如图表 7-2 所示。畅销价与一般价格究竟有什么区别呢？将其不同归纳为 a、b、c 三点来明确表示。在毛利率方面，a 中的 NB 种类的多呈现负利率，但是即便是降价，SB 种类的也有 5%—10% 的毛利率，PB 种类的呈现出 10%—15% 的较高的毛利率。

那是因为他们做到了以下三点：①更加垂直地追溯贸易对象；②全程物流和生产成本的彻底合理化；③零售价格是交货价格的 3—5 倍。如果不那样的话，ESLP 就无法继续，SB 和 PB 也无法成为竞争武器。即便是降价，毛利润也是很高的。我反复说连锁店商品开发的必要性，希望不要遗忘。

严格来说，日本的过去型短期单品特价特卖，每次都需要努力做到以下六点：①采购；②陈列出纳；③补充货源；④保证后方仓库进展顺利；⑤加大打折和促销力度；⑥增强店铺间的流动。其中促销带来的庞大的人工成本费支出是减少企业盈利的最大元凶。而且绝对不会成为今后竞争对策里的替代品。

■ 廉价的上演

为了凸显廉价，除了原有的 ESLP 经营方针，以下六项基本

图表 7-2　Hotter Price 的条件（即 Popular Price）

	类型	价格对比	毛利率（%）
a	NB	7 折以上	常规利率 -10—-5
b	SB	半价	现行利率＋ 5—10
c	PB	相似商品的 1/4—1/3	现行利率＋ 10—15
d	commodity goods		食品现行利率＋ 8—12 非食品现行利率＋ 12—18

对策也是不可缺的：

1. 取消高价格区间（商品结构图表，参照图表 7-3）；

2. 在低价区间内创造价格高峰，增加项目种类；

3. 严格规定不同商品类别的差额；

4. 促销费的预算化和效果鉴定；

5. 商品开发——首先是 LB 的发掘，然后是 SB，最后收尾的是 PB 开发。

关于此时的关键，我想强调以下五点：

（1）实际上，价格的原型是美国的超市·超级市场（SSM）、大型药店（SDgS）、DS、VS 等主力军中的前三名的大型公司的价格。这些全都是在高收益企业中竞争力很强的企业。如果是 20 世纪末，我定会以 GMS 和 SS（Special store）为原型，20 世纪 70 年代成为连锁店的百货店。但是现在，后者因为价格竞争一败涂地。同样，20 世纪 90 年代以后日本的超市出现业绩不景气，并不是因为杂货店，最大的原因是其无法顺应价格区间的时代潮流。

（2）每个种类的价格区间（售价的上限与下限之间的间隔）很窄，上限不到下限的两倍。

（3）价格·百分点（商品类别中陈列量最多的售价）如图表7-3左侧的商品结构图所示。

（4）左侧是升值型。

（5）价格线（售价的种类）在五个以内（尽可能在三个以内）。

查看一下你自己的店，关于（2）中提到的价格区间可能很广，上限与下限之间岂止是五比一，难道不是一比一或者二比一吗？关于（3）中提到的价格·百分点，正如图表7-3所示，没有显著的价格·百分点。难道不是像（4）（5）中提到的那样，处于价格升值状态，价格线多达10—20种吗？

因此，进店的顾客绝不会认为你们商店是一个低价的商店。无论你如何证明，都不会如愿以偿。

■ 塑造低价形象的技巧

塑造低价形象的技巧有以下六个，全都是切中顾客心理的实务原则。

（1）同一价格多品种（尽可能有三种选择）陈列；

（2）价格表示不要用几百日元或几千日元，多用八、九、

八八、四。例如，二百八十八日元，三百八十八日元，四百八十八日元，九百八十日元，一千九百日元，两千四百八十日元，两千九百日元等等；

（3）一律降价①不设例外（不要出现"除什么之外"），②每个品种优惠三折以上；

（4）部门・种类的平均降价率在5%左右（生鲜食品的价格是相比开店时的价格而言）；

（5）学习美国连锁店的毛利率；

（6）确保低价格区间的商品陈列数量（防止缺货）。

特别想引起大家注意的是（1）和（6）。相反，还有四项不能做的，分别是：

（1）双重价格表示（没有说服力，不道德）；

（2）抛售（处理）商品（原本是批量生产的商品）；

（3）与供应商的不正当交易（非商业道德的）；

（4）无盈利的牺牲性薄利（超低毛利）。

慎重起见，附上商品结构图，如图表7-3所示。

■ 价格区间的原理

前文中略微提到，在美国的这半个世纪里，10年循环一次，

图表 7-3 商品结构表的类型

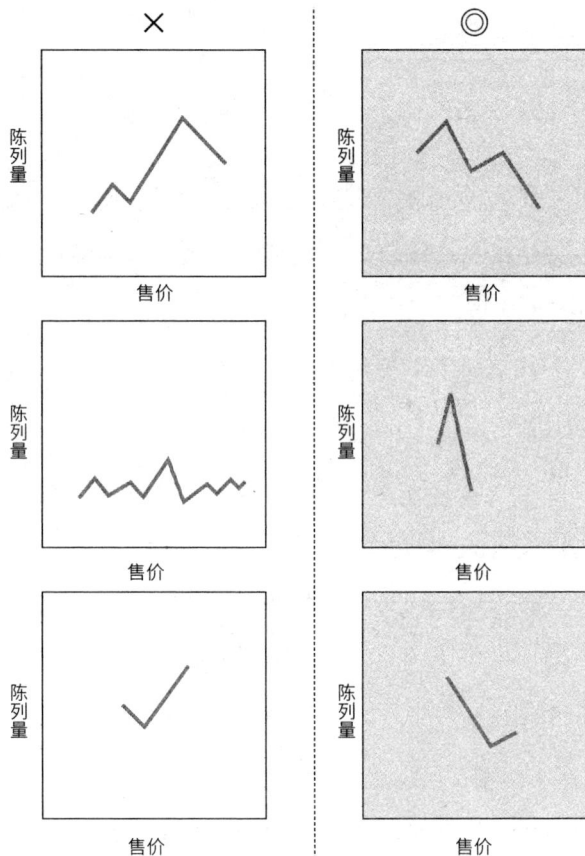

×	◎
陈列量 / 售价	陈列量 / 售价
陈列量 / 售价	陈列量 / 售价
陈列量 / 售价	陈列量 / 售价

引领时代潮流的价格区间正在发生变化。图表 7-4 是非食品类的例子。

我初次到美国是 20 世纪 50 年代末期，20 世纪 60 年代到 70 年代是低标准盛行的时代，其中坚力量是百货连锁店（在日本是只有四家连锁店的经营类型，在美国却有几百家连锁店）。那

			20 世纪 70 年代	20 世纪 80 年代	20 世纪 90 年代	20 世纪初
A	决定因素		总卖场面积	开店速度	收益性	顾客数量
B	标准		总销售额的数量	集中投资对象的实力	成本降低系统的效率	便利程度
C	经营重点		Super Store 化	开设 SC 店	ESLP	Mass 化 PB 开发能力
D	综合店的价格范围		Lower moderate	Upper popular	Middle popular	Lower popular
			<向低价格范围持续转移>			
E	企业模式	非食品	Dept+GMS	GMS+DS+SS	DS+SS	DS+VS
			Federated Macy			Dollar General Family Dollar
			Sears、Penney		Kmart、Wal-Mart、Target	
			Petrie	Limited、Gap	Old Navy、Talbot	Chico、H&M
				Bed Bath & Beyond		

之后的 20 世纪 80 年代是高层流行价格的时代。GMS 虽然有势力，但是价格区间从 20 世纪 80 年代后半叶开始进一步下降，中坚力量开始向 DS，甚至 VS 转移。

这里所说的"流行价格"指的是人们日常生活中容易接受的价格（可承受价格）。实例如图表 7-5 所示。因为这里 1 美元可以换算成 100 日元，所以相当便宜。

而且如图表 7-6 所示，流行价格在美国的消费金额中占将近六成的比重，在消费量中的比重几乎是八成。但是，在日本，上述比重仍然很低。

原因是日本连锁店的商品开发比美国晚了一百年。因此必须凭借连锁店的垂直销售推力，使流行价格占据国民大众生活的大部分比重。

图表 7-5　美国商品价格范围实例

单位（日元）：按 1$=100 日元换算 · 数据源自 JRC 调查

品种名称	流行时尚（popular）			中等品牌（百货商店连锁）(moderate)	非连锁店	
	Lower	Middle	Upper		中高（Better）(高级百货商店)	高等（Best）(著名奢侈品专卖店)
男士短袜	100—200	200—400		400—800	1000—1800	2000—
领带	100—300	600—900	1000—1600	2000—3800	5000—8000	8000—
男士礼服衬衫（丝绸类除外）	700—1000	1000—1300	1800—2400	2500—4500	6000—10000	10000—20000
男士蓝色牛仔裤	500—1300	1500—1900	2000—3800		6000—7000	7500—
男士西装外套		3500—5000	8000—11000	15000—25000	35000—45000	50000—70000
男士运动鞋	1000—1500	1900—2500	2500—5000	5000—7000	7000—10000	
男士商务鞋	500—1500	1500—2500	3500—6500	8000—13000	13000—23000	25000—35000
女士春季连衣裙	900—1400	1600—2500	3700—6800	7000—18000	20000—90000	100000—
女士圆领纯色毛衣	700—900	1200—1900	2200—3200	3400—7000	8000—18000	20000—
女士秋季休闲裤	1000—1200	1400—2200	2400—3400	3800—8000	10000—18000	
儿童服装（上下装）	300—500	800—1500	1800—2400	2500—3800	5500—8800	
浴巾	200—300	300—700		900—1300	1400—1900	2000—2800
商务包		3000—4000	6000—10000	11000—13000	14000—18000	40000—
网球拍		1700—3000	3000—5000	6500—9000	10000—15000	16000—25000
袖珍相机	1200—2000	2000—6000	6500—8000	9000—19000	20000—	
咖啡机	800—1500	1500—2500	2600—3400	3500—5000	6500	
锤子	200—400	400—1000	1000—1400	1500—2000		
午餐	200—500			500—900	1000—2000	

图表 7-6　价格范围图解

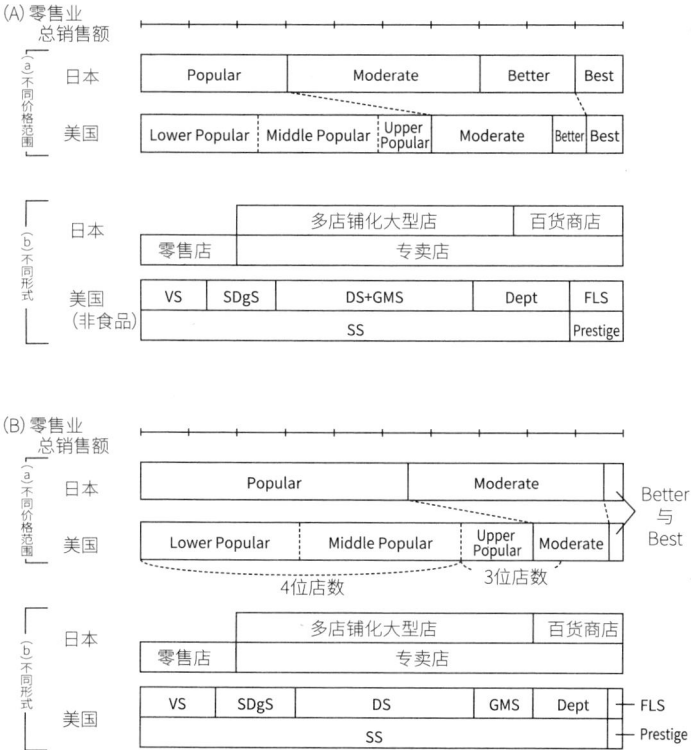

(A) 零售业
总销售额

（a）不同价格范围

日本

| Popular | Moderate | Better | Best |

美国

| Lower Popular | Middle Popular | Upper Popular | Moderate | Better | Best |

（b）不同形式

日本

| | 多店铺化大型店 | 百货商店 |
| 零售店 | 专卖店 | |

美国
（非食品）

| VS | SDgS | DS+GMS | Dept | FLS |
| SS | | | | Prestige |

(B) 零售业
总销售额

（a）不同价格范围

日本

| Popular | Moderate | |

美国

| Lower Popular | Middle Popular | Upper Popular | Moderate |

Better
与
Best

4位店数　　　　　　　3位店数

（b）不同形式

日本

| | 多店铺化大型店 | 百货商店 |
| 零售店 | 专卖店 | |

美国

| VS | SDgS | DS | GMS | Dept | ─ FLS |
| SS | | | | | ─ Prestige |

2 // 零售价格与成本价格的关系

■ 实际的零售价格

零售价格，特别是流行价格依据的是什么？答案是美国的 FOB（free on board）价格乘以 3.5，此零售价可以说是国际标准的价格。

因为 21 世纪初日本的售价是 FOB 价格的 10 倍，所以国民大众的日常生活消费品的零售价约为美国的 3 倍。

FOB 价格指的是在原产地国家，将商品装上出口运输船，运输船离岸时的价格。因为现在日本的大部分生活消费品都是进口产品，所以生产成本也包含当地的物流成本。与之类似的还有 CIF（Cost insurance and freight=运输到进口国港口的船上运输费）。

图表 7-7 所示的就是 FOB 价格的实例。这是我部下的飞马俱

图表 7-7　上海（中国）交易会上明确的 FOB（当地装船交货）单价

2005·2006 年春

分类	品名	规格	FOB单价（日元）	分类	品名	规格	FOB单价（日元）
服饰	女士短裤	白色	66	家居用品	桌垫	50cm×70cm	55
	男士裤装	先染色	52		浴垫	36cm×61cm	71
	运动袜	纯色	37		马桶座圈盖	丙烯100%、50g	58
	男士短袜	棉混纺、1打	550		线架	镀铬钢	314
	拖鞋		55		地垫	丙烯100%	790
	沙滩鞋	成人	46		毛毯	羊毛、70cm×100cm	86
	帽子	针织	55		枕头	低反弹、45cm×35cm	506
	帽子	麦秆	121		泄水板	杉木、30cm×30cm	121
	圆领背心	半开领、天竺棉、8粒扣	209		格子栅栏	90cm×180cm	528
	女士吊带背心	蕾丝、亮片	247		庭院灯	太阳能、LED、2灯泡	319
	睡衣	绒面呢剪裁	363	文具	透明文件夹	100页	119
	衬衫	白色	203		荧光笔	细型、笔尖4mm	8
	手套、围巾、针织帽子3件套	印花	275		白板笔	粗型	7
	浴衣腰带		234		筒形彩铅12色	20cm×9.5cm	29
	荷包		55		胶带	布、50mm×12m	50
	木屐		286		玻璃纸胶带	商务型、12mm×40m	5
儿童	婴儿T恤	21支单线、天竺棉	132		胶棒		9
	螺纹连体衣		165		便笺纸	7.5cm×5.0cm×100枚	12
	连体罩衣	羊毛	292		橡皮	19g	3
	男童泳装	锦纶80% 聚氨酯20%	132		裁纸刀		15
	男童泳装	聚酯纤维100% 带内衬	165		文具套装	胶棒、剪刀、备忘录、铅笔	33
	女童泳装	校园款	292	杂货	沙箱桶		48
	女童泳装	分体式、锦纶80% 聚氨酯20%	159		玩具狮子	18cm	59
	雨衣	PVC、无印花	209		木制汽车		99
	长筒雨鞋		220		木制拼图		176
	运动鞋		269		假花	PP、铁、毛毡	47
工具、设备	购物袋	530mm×300mm，厚度0.022mm	1.4		手提箱型宠物便携箱	聚酯纤维、铁、PVC	759
	购物车	60l	2640		宠物床	聚酯棉	445
	购物车	80l	3850	厨房用品	纸杯	6.5oz	1
日用品	伞	手动、半径48cm	52		纸盘	18cm	1～4
	伞	折叠式	61		牙签	500根×2	28
	军用手套	450g	89		一次性筷子	白桦木、C级	0.76
	电池	3节	2		叉子	塑料	0.5
	玻璃杯	直径6cm、高度10cm	6		调味瓶套装		160
	牙刷		14		大碗	15cm	52
	手巾	33cm×33cm、45g	22		抹布	35cm×60cm	6
	面巾	132cm×70cm、60g	28		锅旋钮与锅垫套装	不织布	62
	休闲坐垫	90cm×180cm、110g	27.5		IH 平底锅	氟处理、26cm	91
	衣架		38		平底锅	附玻璃盖、26cm	96
	多夹晾衣架	24夹	132		双手锅	氟处理、20cm	107
	抹布	20cm×30cm、30g	13		砂锅、调羹、小碟套装	耐热、7号	132
	服装洗涤剂	800g	69		不锈钢保温瓶		660
	芳香 & 除臭剂	家庭装	44		厨房海绵		5.6
	排水滤网	长条型、22枚	35		三角沥水篮		1

乐部的开发进口研讨会成员和日本连锁店的几百个买家，在上海国际样品交易市场上实际支付的样品商品的金额。如果一一查看这些价格，你应该会对 FOB 价格（低成本）感到非常吃惊。

欧美连锁店的零售价只有成本价的三到五倍，但在日本，即便是大公司的零售价也是成本价的十到十二倍。近日进出日本市场的 H&M 公司和 Forever 21 公司的快消及时尚产品，在日本的零售价与 FOB 价格也有大约六倍的差价。因为他们知道，在日本，无论什么都是十倍以上的价格，所以即便他们用六倍高的价格在日本销售，也会被认为便宜。

因为日本连锁店的大部分卖家不会和最终产品加工阶段的工厂接触，所以不怎么了解国际通用的 FOB 价格，也就是产品的成本结构。

那么，为什么 FOB 价格在日本变成了十倍的零售价，而在美国只是三五倍的零售价呢？而且，为什么毛利率在日本各业界是负的五到十个百分点，而在美国是十到十五个百分点呢？下文揭晓答案。

■ 日本服装制造业的成本去向

举一个浅显易懂的服装业的例子的话，图表 7-8 所示的就

假设制造 100 件衣服，每件的制造成本为 1000 日元		各自的盈亏平衡点	给零售商的批发价	零售价格（加价率50%）	毛利率		
					库存售出六成时	库存售出七成时	库存售出八成时
a	DC 品牌制造商	12 件	8300 日元	16600 日元			
b	NB 服装制造商	15 件	6600 日元	13200 日元	17%	28%	37%
c	日式超级商店	18 件	5500 日元	11000 日元			
d	美国连锁店的行业惯例	33 件	FOB 收购价格 1000 日元	3500 日元	52%	59%	64%

◇同一商品也会因不同的供应商类型而出现不同的批发价和零售价。

是业界通常的盈亏平衡点。生产一百件的时候，DC 品牌厂家就会以生产量的一成多和一两套的成本价为前提，决定以季节为代表的发货价格。同样，国际服装生产商会以 15 套的成本价为前提来定价，面向日本超市的服装供应商也会以 18 套的成本价为前提来定价。这样一来，零售批发价就变成了 6600 日元和 5500 日元。不同的零售商也会以两倍的差价，50%的差价率来制定零售价格。

这样的话，季末的时候，卖出六成量的衣服才获得 17%的毛利率，基本上是亏损。卖出七成以上的话，毛利率还不到 28%。剩下的就是打三到四折进行甩卖，不管怎样，毛利率超过了 30%。与此相对，美国的连锁店在最初的时候，即便是以三到五倍的零售价销售，差价率也很高。所以，只要卖出库存的六成商品就能确保 52%的毛利率。剩余商品清仓大甩卖的时候，从一开始就可以一下打七折。

图表 7-9　商品制造业领域的成本

(a) 在各个加工阶段转移所有权时								（日元）
	I	II	III	IV	V	VI	VII	VIII
原价 加工费 毛利（15%）	100 5 15	126 5 19	157 5 24	195 5 29	240 5 36	295 5 44	361 5 54	439 5 66
小计	120	150	186	229	281	344	420	510
预付消费税（5%）	6.0	7.5	9.3	11.0	14.1	17.2	19.2	25.5
各阶段的售价（合计）	126	157	195	240	295	361	439	535
预收消费税	0	6.0	7.5	9.3	11.0	14.1	17.2	19.2
各阶段从业者应缴纳的消费税	6.0	1.5	1.8	1.7	3.1	3.1	2.0	6.3

与本公司购买时的价格差额（393 日元）达七成之多

(b) 将所有的加工阶段进行外包时（所有权产生于材料阶段，加工阶段的原材料免费）

100日元+（5日元×105/100×8阶段）=142日元（含 2 日元销售税）

(c) 实际加工阶段分为 5—15 阶段，上述差额还将进一步扩大。
(d) 各阶段的毛利最低为 15%，最高为 30%，商品的售价自然而然会上涨。
(e) 开发进口时，若通过贸易公司·批发商进口则与（a）一致，仅对贸易手续进行委托时则与（b）的情况相同。

◇顾客支付的金额（加上零售业的毛利额后）（不含消费税）
　　　情况（a）535 日元 ×1.4=749 日元（毛利 40%）
　　　情况（b）142 日元 ×1.6=227 日元（毛利 60%）
双方差额为 522 日元（便宜七成）。因此，将所有的加工阶段进行外包的方式比在各个加工阶段转移所有权的方式要便宜近七成。

卖家、购销商应该实行垂直规划，尽可能以 FOB 价格进行采购。

■ 产品加工阶段多的情况

请看图表 7-9。

图表所示的是像日本一样有很多产品加工环节的情况，这种情况是介于不是每个阶段都存在加工者的批发商之间。虽然从原材料到产品加工完成需要五到十五个环节，但此处假定为八个环节。

每个环节的加工费或者是物流中介费 5 日元的话，其他不同环节的经营者的毛利就有 15%。所以，随着所有权的转移，每个环节相应的毛利也会变高。在最初的第一个阶段，在原材料费是 100 日元和加工费是 5 日元的情况下，加工者的毛利就会上涨为 120 日元。所以仅经过八个阶段（八个环节），到最后的批发价就会上涨为 535 日元。

另一方面，如果像（b）那样采购原材料（在原材料阶段拥有所有权），八个产品加工阶段全部委托加工，只付各个阶段的加工费的话，八个加工环节下来的最终的生产成本价为 100 日元（原材料费）和 5 日元（加工费）×8（8 个环节）= 40 日元的加工费。即便加上消费税也只有 142 日元。从消费者的角度来看加上毛利的零售价格，如果（a）的零售价格为 749 日元，（b）的零售价格为 227 日元的话，后者就会便宜 70%。

也就是说，在连锁店的垂直销售活动中，有必要从原材料阶段掌握对产品的所有权。这样的话，不仅能够降低成本，还能够保证产品的质量。

以生鲜产品为例的话，就很容易理解。也就是说，你是与

美国食品生产商的原价结构（最终加工生产者直接向连锁店交货时）
①须采取措施使供应商设法降低 ____ 符号标注部分
②按 30% 的零售加价率确定零售价 = 材料费 ×5.9
◇交货价格 =100 时　　　　　　　　　　　　　　　　　（资料：FMI）

		行业平均	成本高 = 赤字	成本低 = 高收益	差额	变化原因
制造原价	材料	24	27	27	0	产品开发条件
	加工	12	15	11	4	
	包装	10	15	8	7	
	合计	46	57	46	11	
生产阶段的毛利		54	43	54	11	
所需费用	中间损失	1	1	0	1	交易条件
	配送	5	8	5	3	
	优惠券折扣返利	6	6	0	6	
	广告	6	6	0	6	
	其他促销活动	15 ⎱43	16 ⎱47	13 ⎱22	3	
	销售人工费	3	3	0	3	
	经营费用	3	3	1	2	
	公司整体的管理费用	4	4	3	1	
加工制造商的营业收益		11	-4	32	36	

附近的批发市场上的批发商进行交易呢，还是进入水芹产地直接与水芹种植者进行交易呢？还是通过港口的出货组织进行采购呢？还是进一步与捕捞船的主人进行交易呢？

■ 批发店·批发业的成本价

这里我想介绍一下我从美国专家那里学到的东西。请看图表 7-10，这是美国的货币基金组织在研讨会上使用的教材的一部分。虽是经销店的经费调查结果，但是就经销店的盈利与赤字方面，与业界平均水平进行对比的话，能够很好地展示出哪个部分有什么样的差异。

首先，在包装方式方面，若将耗费业界平均水平 1.5 倍的包装方式与只耗费业界平均水平 1/2 的包装方式进行对比，会发现，比起加工成本的差异对收益的影响，物流成本对收益增减的影响更大。此外，在促销活动环节，经销商营业费用也会因手续费、广告费以及促销费方面的差异而有所不同。如果不接受经销商的促销服务（仅经销商拒绝），对经销商来说能够节省很大一部分成本。而且在不影响正常营业关系的前提下，经费会大大地减少。如果想在促销时有个合适的人工服务费，零售商和餐饮服务行业必须有这样的觉悟：在贸易上，会在某些不知道的地方被还击以高成本。

　　换言之，令经销商一方真正感到难能可贵的是，企业期待经销商能够做到低成本高利润。在供不应求的时候，他们能给这些企业交货。在进行 SB 和 PB 商品开发的时候，比起从经销商那里压低成本，倒不如思考一下双方都能实现的成本削减对策。这就是国际货币基金组织教给我们的。这种思维方式称作"过程合理化对策"。

第

8

章

商品品质和选择的标准

1 // 商品的价值和全球化标准

■ 何为商品价值

过去原材料只能从自然界获取，加工方法也相当有限，那个时代的商品售价和品质是呈正相关的。不好的东西价格低，好的东西价格高。

但是自 19 世纪的工业革命革新了原材料和制造方法以来，商品的售价和品质已经脱离了这种比例关系。

当今欧美连锁店开发的商品应当都是质优价廉的。消费者也就不必在为追求便宜而放弃品质和为追求品质而在价格上退让之间做出艰难选择。由于欧美连锁店的 PB 的存在，收入一般的群众也可以便利、轻松地生活。商品的价值是由其售价和品质的关系决定的。不可能从哪一个方面单独评价。当然也不可能为了实现哪一方而牺牲另一方面。

人们希望商品售价越低越好。

另一方面，商品的品质应当根据顾客的使用程度来决定其标准，而不能以绝对的好坏去定义。因此我们应当追求的不是"好品质"，而是"合适的品质"。

拿产品的耐用性能来说，如果顾客的期望值是一年，那么耐用性是五年就是多余的。因为那样的话价格就会升高，对于顾客来说反而不是适合的品质。

但是从价格而言谁都希望越低越好。所以在产品品质相同的情况下，价格低的商品就拥有更高的价值。

商品售价越高，顾客对于品质的要求就越高；但是如果售价低，顾客往往愿意在品质上做出退让。所以降低商品售价对提高商品价值有显著效果。但是维持商品合适的品质是绝对的条件。

由于是顾客对商品进行评价，决定是否购买，因此连锁店的商品开发要在为顾客提供合适品质的基础上，以降低售价为目标进行。

■ 日本人是特殊的民族吗

瑞典的服装连锁品牌 H&M 在 2008 年 9 月进驻日本，开始了在日本的连锁化。当时的媒体论调都在担心，宣称"品质世界第一"的日本人能否接受这个品牌的品质。

该品牌后续的迅速发展众所周知。如果返回"何为商品品质"的原点来看待这个问题，各种原因则十分明了。这是因为在日本，从生产角度和销售角度看问题时，存在很多认识上的错误。

如果从购买的角度来说，在考虑商品价值时是不能把售价排除在外的。正如先前所述，"售价+品质=商品价值"是一条绝对原理。因此即便品质相同，售价低的也会更具价值。大甩卖时只要降低售价，原本卖不出的商品也会被抢购一空，正是因为这个道理。凭借降低售价可以让顾客认可商品价值。

原本日本人宣称"品质世界第一"这种说法就是迷信。倒不如说日本的服装零售价远高于国际水平，顾客每每走进商场都会感到迷茫，无法决定购买何种商品。难得逛街却空手而归的情况并不少见。真正的原因在于，日本消费者由于服装售价过高而无法认可其价值。

在日本购物时感到痛苦和不安是因为售价过高，而不是品质的问题。

顺便一提，那些拥有海外生活经验，或者在国外的服装连锁店体验过购物的快乐的日本人，常常盼望外资服装连锁品牌能够进驻日本，结果经常令人扫兴。

在外国体验过的商品的价值，在日本的同品牌的同一商品中却不复存在。外国品牌进驻日本后，价格会随之上升。Gap、Banana Republic、Zara 等品牌在日本的售价高出欧美三成之多，H&M 也不例外。根据他们的说法，这是因为日本的不动产价格高，但实际上同纽约第五大道以及伦敦摄政街相比，银座和新宿的房屋价格也相差无几。

但无论何种理由都与消费者无关。商品售价高，顾客就不会承认它的价值。有人认为日本人不常购买外资服装连锁品牌，是因为过分注重品质。这种判断在本质上是错误的。

■ 耐用性能是必需的吗

比如说，对于 H&M 品质的质疑多集中在"耐用性不好，只能穿一季"这个问题上。

如果这是真的，就不能算作缺点，而应称之为优良的品质。

许多潮流服装都是只能穿一季的。到了下一季，就会有新的潮流出现。

但是如果这种商品具有多余的耐用性，等潮流的保质期一到，物理机能就会剩余。但即便如此，只要消费者不想，也就不会再去穿它了。如果这是用上乘面料精心制作的耐用品，其价格也会很高。消费者只要考虑到这个，即便不再穿，也不会轻易舍弃。这是相当大的负担。

因此对于消费者来说最称心的商品是那些只在他们期待的时间段内，保持和购买时颜色、版型和质量风格相同，并且价格便宜的商品。

H&M 的商品，基本都是当季热门色系和风格的基本款 Polo 衫和牛仔裤，因此在消费者频繁使用一季之后，即便扔掉也不觉得可惜。下一季，H&M 还会出新的颜色和款式，消费者会再去购买。

顺带一提，H&M 产品的耐用性，也并没有到不堪一击的程度。其中也有很多商品，在长期使用后依然能够保持刚购买时的状态。这是因为 H&M 注意到且很好地迎合了顾客对于产品使用期限的期待，优化了产品生产对策。

■ 何为合适的品质

想来日本的有识之士对于产品品质似乎存在很多误解。他们并没有注意到，在分别从"生产、销售"和"购买、使用"的角度来看待问题时，品质的标准是大不相同的。

例如，之所以对 H&M 评价不高，就是因为从"生产、销售"的角度来看待它的质量。那么，如果从"购买、使用"的角度来看待又会有什么不同呢？我们列出以下优点。

第一，H&M 的商品，号码和种类丰富，是日本商店的数倍以上。所以大多数人都可以从中找到适合自己的商品。

第二，穿着舒适。日本的弹力裤，难得使用了弹力面料，但是腰围却做得很僵硬，伸缩性要求高的腰围偏偏不能够伸缩。而 H&M 的弹力裤腰围处使用了伸缩性极佳的材料，所以穿着舒适。

第三，这一品牌的商品保养方面，可以使用洗衣机和干燥机。并且由于使用了不易起皱的面料，大部分都不需要熨烫，对消费者来说十分便利。

第四，更突出的特色在于，无论是上装下装，还是书包和鞋，甚至是装饰品的风格和颜色，都十分注重整体的搭配和协调。

　　具备以上四点，从顾客的角度来看就可称之为高品质了。

　　而更加不可或缺的是这第五重品质，即良好的外观。H&M 的产品在这一点上可以说是品质卓越。他们从来不会让顾客失望，顾客一定能从中挑选到中意的商品，甚至立即想将某种色彩和款式的商品穿到身上。也就是说这和日本所谓的高品质是不同的。

　　所以在这家公司进驻的 28 个国家中，其凭借商品价值折服消费者并迅速成长。现在已然有超过在专卖店中排行世界第一的 Gap 的势头。在日本自然也不例外。

　　在欧美城市中，也有很多被 H&M 品牌吸引的日本游客。他们甚至不知道 H&M 是什么，单是看到价签就已经大喜过望，绝不会出现嫌弃品质恶劣的消极反应，全都欣喜地抱着许多衣服去试穿或者结账。

　　像这种能够享受服装购物的场所，在欧美不仅限于 H&M，而是一种很普遍的现象。并且不仅存在于专卖店。美国的沃尔玛或 Target 等会提供价格更低、种类更丰富的商品。这是所有日本人都希望能够体验的轻松购物。

　　再说一遍，并不是日本的消费者特殊，倒不如说从国际上的观点来看，日本服装业的观点才是特殊的。正如先前所述，不仅因为对品质的迷信，还因为一种"日本什么都有"的自大感，才会不断对其他公司和国家的缺点挑剔，也不去学习商品品质这一突出优点。

如果持续采购欧美大型连锁店的商品，并不断进行试用的话，也就不可能再去攻击这些商品品质拙劣了。

那些不顾当下严峻的经济状况，想要盲目扩大规模的日本企业，仅仅是一些产品品质至今没有达到国际水平、仅凭低售价去提升产品价值的企业罢了。

2 // 正式进行商品开发的要点

■ 商品功能抉择的观念

正式的商品开发的出发点，关键在于给予这一商品的品质定位。

既然是零售业的商品开发，就应当让顾客在使用商品时，比起 NB 的商品，感到更加便利和轻松。以生产商为主导的商品开发，多由产品生产方带领进行，这样一来很难产生高人气的畅销商品。

至今为止，日本制造业一直在追求高品质、多功能和高附加值。虽然凭借发达的技术水平也实现了这一目的，但也因此导致价格上升。这对消费者来说是最为不利的因素。

从购买的角度来说，近年来日本制造业的努力带来的直接弊端，不仅在于售价上升。制造者引以为豪的高品质，往往对于消费者来说并不适用。因为产品的功能越多，使用起来就越复杂。

甚至如果消费者从一开始就没有使用过产品的附加功能的话，反倒对这部分多余的价值进行了额外消费。

零售业进行商品开发时，不能像制造业那样从生产的角度来看待商品的品质，而是要从购买和使用的角度来选择最为合适的品质。

为此，在确保实现必要功能的同时，必须排除多余的功能和品质。不这样做的话，不仅产品不易于使用，同时也会无法降低价格。

决定商品品质的观念被称为"抉择（trade off）"。这原本是产品制造业为了降低售价，在确定商品品质的阶段所使用的方法。但正如先前所述，日本制造业从 20 世纪后半期开始就不再进行商品功能的抉择，只一味追求高品质、多功能和高附加值。

《孤立化的日本制造业》（2008 年，东洋经济新报社）中指出，这一点是日本特有的倾向，从世界上来看是非常特殊的。其他国家的产品制造业是要彻底贯彻商品功能的抉择，努力降低售价的。

因为进行了彻底的功能抉择，中国台湾制造商的互联网专用电脑每台售价为三万日元，引起巨大轰动。而瑞典制造商生产的没有相机功能的手机，每部售价一千日元，却达到了国际占有率的七成之多。国际上的制造商，都在致力于降低商品价格。他们都认为只要产品价格低，就会有更好的销量，进而成为扩大公司规模的原动力。

唯独日本制造商很是特殊，不会进行商品功能的抉择。

不仅限于制造业，欧美大型连锁店的商品开发，都是以降低价格为前提的。因为如果不能解决价格问题，就绝不会成为热卖商品。

"商品功能抉择"这一概念，对于连锁店的商品开发来说不可或缺。

■ 首先是低售价

如先前所说，在决定商品品质时有"功能抉择"这一概念。如果在没有这种观念的前提下去决定商品品质，售价就会升高。不仅如此，当商品附着了通常无须使用的多余功能时，对消费者来说会增加使用的难度。

日本的制造业和零售业，往往容易忽视商品价格的决定性

耐用商品（Hard Goods）
耐用型消费品、五金类、室内装
饰、体育用品、建材、园艺用品
等商品的总称。

作用。他们认为只要产品品质优良就会得到顾客青睐，哪怕价格偏高。与此相对，欧美的基本理念则是，只要商品价格不够低，就不会热销，像日本的这种想法是绝对不会出现的。

但在日本，事实同样与此相反。如果商品价格高，那么无论品质如何优良，购买的人都很少，如此反复，消费者只会越来越少。因此那些凭借功能取胜的高额商品，销路往往每况愈下直至终结。

日本的许多家电制造商生产的高机能电器，都是在以高额售价推出后，很快就大幅度降价，正是因为价格过高导致无人购买。无论如何不能忘记商品开发的顺序，都是以消费者能够轻松购买的零售价格为前提，再去决定产品品质的。

另一方面，仅凭低廉的售价，就足以引起消费者的兴趣。即便卖家认为价格低的商品品质不如价格高的商品，消费者却并不以此为基准。因为售价低廉，回头购买的顾客会增加。而当产品热销之后，品质会有所提升，也就更加受欢迎。

进而如果将畅销商品的销量作为宣传手段，再加上商品本就不高的售价，销售随之会更加火爆。如果从一开始价格就很高，这就是不可能出现的局面了。

■ 在日本也开始的价格正常化

在日本，耐用商品和家具等家居用品领域长期难以实现的商品正常化问题，已经开始通过商品开发逐步实现。虽然"价格破坏"一词经常被使用，但这并不是一种破坏。从全球化视野来看，日本物价普遍高昂，因此要将物价降低到国际标准水平。

至今为止，日本的整体厨房，即便没有什么特殊器具，造价依旧在一百万到三百万日元之间。但是自从 IKEA 进驻日本，由于其低于日本国内售价的国际标准价格，消费者纷纷选择购买。

日本的连锁店也在努力。如 Nitori 和 Cainz 就推出了售价为一百九十万日元的整体厨房的 PB，将原价压低到五分之一以下。这一价格正常化，是通过材料选择和供应商开发对策实现的。这是一项应被载入日本连锁店发展史的伟绩。

但既然是站在顾客的角度推出的 PB，仅拥有低于制造商的价格是不够的。必须使现有商品使用更加便捷。为此就需要观察普通家庭在使用整体厨房时遇到的不便之处。

人们在厨房不仅仅要进行烹饪。比如说，在有垃圾的时候，垃圾箱要怎么办。只是换上整体厨房，垃圾箱和周围其他物品照旧摆放的话，生活并不会变得更加便利和舒适。

如果能把垃圾桶设在和整体厨房同样高度和深度的地方，并使用相同的材料和颜色制作的话，就可以更加方便和美观，在厨房干活也变得更加享受。

各种收纳也同样如此。要考虑到收纳调味品盒、餐具、食材的必要空间，设计抽屉和柜子等收纳空间。实际上每个家庭的厨房都是物品比较杂乱的地方。

如果由本公司进行商品开发，这些问题是一定要解决的。要让使用者在需要时能够轻易取出相应物品，使用结束后又能轻松地收拾起来。也就是说要为每一件物品设计适合它的收纳场所。

再次强调，商品开发的目的是实现低价和便利，只满足其中一方面，商品的价值是不会得到承认的。

■ 品质的决定

决定商品品质的第一步，就是要站在消费者实际使用的角度，考虑并选择商品必要的和合适的性质、功能。

第二点与之相反，要舍弃那些不必要的功能，确保产品拥有适宜的品质。

但是由产品制造商决定的品质，从使用的角度来看往往是不合适的。首先要从出发点开始改变商品开发的顺序。

比如说，日本的服装业有一种观点认为，只有天然纤维才能称之为品质优良。百分之百的棉、羊毛和绢，都是他们引以为豪的品质。这些人从生产和销售的角度出发，甚至会纠结于不同产地的天然纤维的质量优劣。比如棉得是产自埃及的，最高级的棉则是产自西印度群岛的海岛棉什么的。这些面料的确质地上乘。从生产和销售的角度来看，因为这些产品品质优秀，所以理所当然的售价也高昂，然后就进入了一个"好的东西贵，贵的东西好"的歪理里去。

但是从实用的角度来说，天然纤维面料不易打理，必须送到洗衣店去清洗。想要维持产品的质量，就必须投入额外的时间和金钱。原本就价格不菲，使用过程中还要持续投入，消费者会因此意识到其中的代价。所以从使用的角度而言，这样的品质并不适合作为日常用品。

观察一下消费者的生活便可一目了然。大部分的公司职员上班时都穿着含棉的混合纤维衬衫。这种面料吸汗性好，降低了触感柔软的棉的含量，添加易于打理的聚酯纤维，从而具备了这两种面料的优点，十分适用于商务。

这种优点就在于：①可以用家用洗衣机清洗，②晾在衣架上很快就能晾干，③不易起皱，无须熨烫，④能够形状记忆，领子不会变形，⑤比纯棉制品售价低。从使用者的角度来说，可谓品质优良，所以十分受欢迎。

这才是合理决定商品品质，成功实现商品化的典范。

■ 手工制作和商品追踪

在日本，就食品而言，"手工制作"被业界当作优良品质的象征。几年前，中国产的速冻饺子被发现混入杀虫剂。在这起事件发生之前，许多产品都在宣扬其手工制作的品质如何优良。

对消费者来说，饺子味道鲜美，并且有很高的营养价值，就其品质而言，食品安全同样不可或缺。至于是不是手工制作，实在是无伤大雅。倒不如说，手工制作的产品，混入异物的可能性更大。

在日本的食品服务业中有相当分量的中央厨房，都是采用最先进的设备，从原材料投入口到相距几十米的冷冻制品产出口，人都无法轻易接触食材。机械化保证了食品安全，产品品质也十分稳定。

令人感到不可思议的是，即便如此，日本的超市也认定，手工制作的产品才拥有最好的品质。那些家常菜在狭小的作业间里被制成商品。由于设备落后，质量也很不稳定。食品安全也难以保障。也就是说，手工生产比机械生产的产品质量要高，这一业界常识是错误的。

另一方面，为了确保食品安全，已经出现了向顾客公开原材料来源的趋势。但从食用角度来说，食材无论来自哪里，都无法证明其安全性。

而且最近频繁出现虚报产地的事件（不仅是中国产品，就连日本产品也将产地填写为比较受到信赖的地区）。也就是说消费者深刻意识到，对商品来源的追踪已经无法保障食品安全。

顾客出于对店铺的信任而购买产品，所以卖家必须保证产品品质。产品出现问题时，只是报上生产商的名号，这是商品提供者对于社会责任的回避，仅凭这一点，店铺就会失去顾客的信赖。

卖家必须站在使用的角度，来决定商品的品质。既然 PB 是由零售业而非生产商生产的产品，那么首先就要抛弃由生产方进行主导这一业界常识。如果不从重新规定商品品质入手，PB 的存在价值便无法得到认同。

日常生活所必需的品质，与其说是"优良品质"，不如说是"适宜的品质"。

追求"优良"不仅没有尽头，成本也会无限增加。

■ 比起"优良品质"，更要"适宜的品质"

"和服"是日本传统民族服装。而现在穿的人之所以越来越少，正是因为业界无限追求高品质的结果。

百分之百绢面、手工织成、手工染色、草木染、手工刺绣，以及对情调的极致追求，这些都牺牲了日常服装的便利和轻松。因此和服不仅没有发展，反而在倒退，与人们的日常生活渐行渐远。

也就是说，曾经作为日用品存在的和服，已经变成了一种高档艺术品，整个和服业界，都面临巨大的生存危机。

虽说追求高品位和高品质是一件很简单的事，但问题在于它会造成高价格。这样一来客源会缩减，购买数量也会大幅减少，销售量就会持续降低。因此，以高品质为目标的零售业是不可能发展壮大的。

我们应当追求的品质不是"优良"，而是"适宜"或者"必要"。所以，本公司的 PB 的特性，必须定位为"从使用的角度来看，具备适宜和必要的品质"。

产品部必须明确认识到，在这一点上 PB 和 SB 的区别。

生产 SB 的产品时，由于 NB 的制造商已经确立了一套深入消费者品质标准，在这一标准的范围内尽量缩减生产成本就可以了。

而 PB 是在 NB 尚未踏足的领域，由本公司独立进行商品开发。由于其商品品质由本公司决定，出现竞争时胜率更大。

■ PB 和 NB 的受众的差异

之所以要用与 NB 完全不同的方法来看待 PB 的品质，是因为二者的受众不同。

NB 的制造商进行大量设备投资，是以持续大量生产少数几种商品为前提的。为了达到这一目的，他们经常需要开发新的顾客群体。不这样做的话，就无法扩大销量。消耗类的产品，同一位顾客往往会重复购买，即便如此也依旧不够。

为了持续扩大生产，生产商会改变产品品质使之适应新的顾客群体。但如果顾客总量依旧没有增加，生产商就会不断给产品增加附加价值，导致售价升高。这就是生产商的规模扩大。而且为了持续扩大规模，生产商还会请明星代言产品，在全国范围内进行营销宣传。这一成本又会被附加在商品售价中，售价进一步攀升。

但零售业的销售对象应该是比较稳定的。连锁店是建立在回头客基础之上的，会向同一位顾客提供多种不同的产品。所以连锁店必须为顾客提供大量物美价廉的商品。否则顾客就会转投别家。

正因如此，连锁店的 PB 必须更便宜、更便利、更轻松。

再次说明，连锁店经营中所说的对产品功能的选择，是要站在消费者使用的角度进行，另一方面要把多余的功能通通舍弃。这样做的结果就是①PB 售价更低；②使用更便捷；③更受欢迎，更加畅销。特地来店购买特有的 PB 商品的回头客，正是最重要的顾客群体。

3 // 商品开发的紧要问题

■ 售价低廉却品质低劣

日本零售业，似乎正在迎来黎明期以来的发展热潮。所有企业都以低廉的价格为目标。虽说因为日本的商品售价远高于欧美，确实需要降下来，但企业降低价格的原因，却是如果不这么做，就会导致商品滞销，公司不景气。

作为紧急应对方法而出现的 SB，与以往商品相比降价幅度并不大。由于没有充足的准备时间，其品质上的革命性也不被认可。所以这样的商品注定不可能人气暴涨，销量飞升。

当然，这样一来优势就在于，比起竞争对手的商品，消费者会更倾向于购买自己的商品。但这种小幅度的价格下降，并不能给消费者的生活带来什么翻天覆地的变化。

比如说现在，日本超市的 SB 的拖鞋非常火爆。以百元店开始出售 100 日元每双的拖鞋为契机，拖鞋开始了低价格化的进程。为了与此相抗衡，超市也推出了售价每双 100 日元或 98 日元的拖鞋，创价格新低。

在此之前，再便宜的拖鞋，售价也在 380 日元左右。售价一下子降低到原价的三分之一以下，这确实引人注目，但产品本身并没有在使用和功能上做出任何改善。如果产品本身没有改变，那么购买频率和使用范围都不会扩大。

由于价格降低导致产品耐用性不如从前，更换的频率增加，从这点来说购买频率也许会上升。但由于使用感受下降，消费者不再想重复购买。

拖鞋的售价原本并没有必要非得是 100 日元。连饭团的售价都在 110 日元/个。可以连续一个月以上频繁使用的拖鞋，完全没必要比每天都要买的饭团更便宜。

如果是由本公司投入时间和人力，独立开发的商品，在降低售价的同时，还要考虑如何让现有商品使用起来更加便利和舒适。如果不是这样的商品开发，就失去了为此耗费精力的意义。

■ 观察消费者的不便之处

让我们再回头考虑一下室内鞋的功能。说起现在市面上销售的拖鞋，是否真的已经是最合适的产品，我对这一点很怀疑。

室内鞋的存在确实是有必要的。如果铺着地毯当然没有问题，但如果是在地板上，拖鞋可以保护双脚。为了不把厕所的污垢带到别的地方，厕所专用的拖鞋是很必要的。拖鞋还可以避免清洁的地板沾上脚部的汗和油。

但是也应当注意到，为了满足以上目的，现有的拖鞋的形状和材质都不一定是最合适的。必须相信会有更适合的种类和材质。

在美国的商店里，有很多类型的产品都涵盖这几种用途。特别是"团块世代"已经进入老龄化时期，各种需求也随之增加。随着年龄的增长，脚后跟的肌肉会越来越薄，保护脚后跟的软垫也就应运而生。

人们总是认为美国人即使在家里也会穿着户外鞋，但实际上很多家庭都会在门口把鞋子脱掉。因为穿着鞋到底会感到拘束。他们在家里也是裸足、穿着袜子或者穿着拖鞋，这和在日本都是差不多的。但拖鞋确实不像在日本这么普及，因为拖鞋

食品杂货专卖店（Limited Assortment）
以低价食品为主力商品的小型综合店。
其品目通常限定为顾客层较广、购买频
率高的基础品目。

很容易掉，走起路来也麻烦。

最适合的就是近来在美国商店里越来越多的那种带着脚后
跟的室内鞋。因为脚后跟被固定，走起路来比较方便，并且穿
脱也很省事。面料使用柔软的弹力布，脚后跟底部还加了软垫，
而且男女通用。正常拖鞋的话，有洗澡时专用的毛巾布质地的
产品，是限定用途的。以上产品都可以直接用洗衣机洗涤。

在各百货商店里，这些种类的室内鞋陈列线都很长，可见
其受欢迎的程度。

进行商品开发，首先要看到人们真正的日常生活需求。一
味压低现有商品的价格，也无法解决生活上的不便。请再一次
认真考虑这个问题。

对于家居相关的产品开发来说，自由的想象力不可或缺。
如果像食品杂货店那样，很多商品种类都已经有了 NB 的话，那
么只要以其为范本，直接进行产品功能的选择就可以了。但是
由于家居相关领域的产品，NB 较少涉足，所以必须从发现消费
者在生活中遇到的不便之处开始。

因为从未被生产过，所以才是真正的 PB，也因此毛利率很
高。如果产品大受欢迎，毛利润就会有飞跃性的提升。家居相
关产品的 PB，是毛利率高达 40%—60%的极具吸引力的领域。

■ 食品类 PB 的品质着眼点

从 2008 年 1 月到 12 月这一年间，美国连锁店的开发商品的销售额合计达 829 亿美元，较上一年增长了 10.5 个百分点。

由于食品是必需品，与其他商品种类相比，抵御经济衰退的能力确实更强。但在食品之外的商品中，物美价廉的 SB 和 PB 也很受欢迎。

图表 8-1 是销售额前十位的产品种类清单。其中有在该种类商品中占有率高达 72% 的产品。这是在 2000 年左右，各公司将这一领域作为相互竞争的的武器，投入时间进行商品开发。在这十个种类中，NB 没有特别强势。在这些产品种类中，顾客不会迷信名牌产品，是实实在在地根据商品的价值进行评价。用心的食品零售公司灵活运用了"商品功能选择"的概念，确立了自己独特的品质，并向低价化努力。

销售额第一的是牛奶。日本很多经营超市的企业都有 SB 的牛奶。按照其中的脂肪含量可分四种：脂肪含量 3.6% 的牛奶、销量最大的 2% 低脂牛奶、脂肪含量更低的 1% 牛奶、脱脂牛奶。

在日本，单是脂肪含量 3.6% 的牛奶，就有很多品牌，售价各不相同，让消费者很难做出选择。而另一方面，低脂牛奶的

图表 8-1 不同品种的 PB 销售额排名

排名	品种	年销售额 (亿美元)	增长率	排名	品种内占有率	排名
①	牛乳	81	15%	④	60%	②
②	西点类	38	9%	⑥	27%	⑥
③	奶酪	36	20%	②	35%	④
④	蛋	25	32%	①	72%	①
⑤	果蔬	22	17%	③	16%	⑧
⑥	西式熟食	15	12%	⑤	26%	⑦
⑦	包装肉类	14	2%	⑩	13%	⑨
⑧	冷冻肉·鱼	13	7%	⑦	43%	③
⑨	瓶装水	12	6%	⑧	2%	⑩
⑩	冷冻蔬菜	12	5%	⑨	33%	⑤

资料：Nielsen Strategic Planner

脂肪含量究竟低到什么程度也不得而知。甚至等到终于出现了 SB，却因售价高于特卖的 LB 而不受欢迎。

排在第二位的是面包房。大多数连锁超市都有直营的面包工厂，用于给店铺配送根据特别的规格明细书制作的面包和几种蛋糕。面包主要是主食面包，以欧式的圆形面包区别于别的公司的产品。普通的面包都交给 NB 去生产，本公司只在直营的面包工厂生产有特别价值的商品。

商店里的面包专柜也设有操作台，配备微波炉，而且在这里烤制的仅是销售量较大的几种，如羊角面包和主食面包。但是准备工作都是在工厂完成的，店里只负责把面包烤至成型。

作为基础商品的主食面包是从 NB 制造商那里进货，或者购买 LB 制造商生产的 SB。只有趁热享用的主食面包才会是 PB。

西式熟食
原本指纽约曼哈顿的三明治，SM 的
西式熟食卖场销售的是三明治原材
料，而非日式熟食配菜。

应当以此明确和其他公司的区别。

就这一点而言，日本和美国所注重的事物完全不同。在日本，非常重要的主食面包是从别处进货的。但事实上，为了与其他公司的产品进行区别，客源广、购买频率高的主食面包才应该是实现 PB 化的对象。

虽说如此，日本店内加工的多为夹心面包。这种面包需求不稳定，消费量小，基本都是赤字。

▇ 用其他公司不具备的品质进行区别

商品开发的目的，首先就是实现数量和价格上的稳定供给。要实现持续的低价格供给，就不能过分依赖订货。一旦市场进入缺货状态，进货减少，价格上升，本公司也会束手无策。因此连锁店如果不从原材料置办环节就开始插手，就无法满足顾客需求。

图表 8-1 中第一位的牛奶和第四位的鸡蛋，无论是在日本还是在美国，都是顾客每周必买的基础品目。在美国，高居第三位的是制作三明治用的乳酪，情况同样如此。顾客对此类商品的价格会更加敏感，并拿来与其他公司的价格进行比较。

各家超市出售的此类商品，味道上不见得有什么大的差异，但既然是必需品，就要保证低价持续销售，库存和品质都要维持在稳定的状态。为实现这一目标，美国的超市在进行商品开发的初期阶段，就已经在打造 SB 和 PB 了。

第二个目的是，要实现味道上的区别。既然是每天的必需品，顾客就会想要自己喜欢的味道。前文所述的 PB 的主食面包就是典型代表。

除表中第二位的面包之外，以同样的目的开发的 PB 的产品种类还包括第六位的熟食和家常菜，第七位的包装肉类等。

在日本，副食同面包一样，是在店铺后面进行原始的加工，是效率低下的手工制作产品。但是在美国，这些都是在独立的商品加工工厂，也就是卫生管理到位的食品加工工厂进行的。如果不这样，就无法体现出本公司所特有的味道和营养价值，也就不算是真正的 PB。有生产管理和品质管理的专家常驻工厂，器械、设备也会随时更新。加工流水线一般都超过三十米。

■ 成熟蔬菜的 PB 化

第三个目的是，全年提供成熟的商品。表中第五位的果蔬和第十位的冷冻蔬菜就属于其中。

虽然日本很流行产品在当地自产自销，但仅靠周边收获的农产品不可能实现全年供应。周边的产品也无法保证适宜的品质和低廉的价格。

美国的连锁店，将便宜美味的蔬菜开发成特有的 PB。他们从营养价值高、味道鲜美且生命力旺盛的种子和幼苗开始开发，反复进行培育方法的实验，然后制定规格明细书。甚至为了实现全年低价且保质保量的稳定供应，不仅限于国内，还在与之季节相反的南半球的农场委托生产。

产品收获是在完全成熟时进行，收获后立即送入低温物流系统，在严格的控温下，从配送中心运送到各个店铺，当然，在店内也是陈列在冷藏柜中的。所以美国超市中的蔬菜才会这样新鲜。

这种被最新的冷冻技术保证成熟和美味的商品就是冷冻蔬菜。因为保质期长，物流成本低，所以售价比生鲜便宜。第八位的冷冻肉和鱼，也是出于同样的目的，被开发为 PB。

就像这样，美国的连锁店拥有许多让顾客只能在此购买的商品。其中大多是 SB 和 PB，是其他的公司所没有的商品，所以顾客会频繁光顾。无论其他公司如何进行限时特卖，连锁店因为拥有稳定的价格和品质，都会更占优势。

无论日本还是美国，生鲜食品都是超市的重要商品。而为

超级中心店（Super Center）
大型综合（包括衣、食、杂货）自助服务业态。以平房居多，面积约为 3000—4000 坪，小于大型超级市场（Hypermarket），商圈辐射人数少于五万。

了做强这类商品，美国连锁店在 20 世纪 90 年代前期灵活运用配送中心，将店内操作转移到工厂进行。同时重构物流体系，大幅削减需要在店内进行的操作量，成功实现了低成本运转。

但是在这十多年的时间里，日本的超市越来越难凭借生鲜食品部门获取利润。每个部门的利率都在持续下降，工时却在不断增加。也就是说，日本的超市经营，并不考虑解决商品和作业间的构造问题，而是在向着人海战术和精神论调的错误方向发展。这是在自取灭亡。

■ 食杂化的生鲜食品

另一方面，自进入 21 世纪以来，美国的超级超市连锁已经开始着手进行新的改革。

这就是生鲜食品的食杂化 PB 开发。通过科学技术解决生鲜食品的管理难题，将产品在完全成熟、最为美味的状态下，以最优的价格呈现给消费者。

沃尔玛的超级中心店（SuC）和 Costco 等会员制的仓库（MWC），就是为了能够将大量畅销商品配送到店铺、打造生鲜食品的 PB 而开发的最新方法。这些新方法，同超级超市连锁店（SSM）打造的生鲜食品的 PB，是同时发展的。

另外，精肉部门的利润，在日本出现了两极分化。火腿和香肠等加工肉类，一般来说企业都会盈利。平均每坪的利润超过二十万日元的情况也不少见。但另一方面，同属精肉部门的生肉，则存在很大争议。生肉专柜的销售效率是店内平均效率的两倍以上，销售额达七百万到八百万日元，即便如此，有的店里甚至出现赤字。销售和收益不成比例，往往是卖得越多损失越大。

究其原因如下。

加工肉类一出厂就是带有包装的，在配送中心和店铺内无须进行加工操作，与盒装曲奇和袋装砂糖没有什么分别。只要做好控温，其他都和食品杂货一样。

但是生肉却伴随着分解、切片、包装等各种加工程序。

日本的很多超市，都是在店内进行这些作业。虽然这些作业并不是整日持续进行，但假设有一百家分店，就相当于要付出一百家分店量的成本。因为每家店分别进行加工，所以每家店都需要操作台，同时还要培训加工技术，故效率极其低下。而技能不熟练，就会导致卖得越多损失越大。

而美国超级超市，商品加工程序一般不在店内进行。即便是只拥有十几家店面的地方超级超市连锁店，也是有产品中心的。采购带骨的肉送到产品中心进行分解和切片，成本会降低很多。在工厂，器械和设备可以及时更新，只要有少数拥有特殊技能的员工就够了，其他的都可以交给机械进行流水线生产，效率很高。

在美国，生肉的食杂化 PB 开发也在进行中。经过调味并已经加入蔬菜的"开袋即煮"商品正在增加。由于在购买数日后也能加热食用，因此十分受职业女性欢迎。

另外，日本超市的鲜鱼部门，基本上都是赤字。这是因为需要在店内进行加工操作的种类远比精肉多。这时也将鲜鱼和鱼干分开来看的话，后者会获利，前者则是赤字。特别是在销售高价刺身和单独销售近海鱼类的时候，损失会更大。同样是鲜鱼，鱼块则很容易获利。

至今为止，美国的超级超市都将鱼类产品限制在最小规模。但因为鱼类比肉类的卡路里低，被认为是健康食品，近来也开始逐渐受到重视。鱼类产品不是成条销售的，而是要切段。这些鱼段多是经过冷冻后再解冻的，但实际吃起来也很美味，并且其售价仅为日本的三分之一左右。这都是凭借先进的冷冻技术实现的。由于是冷冻产品，从出厂就已经装箱封好，所以之后的加工操作一概不需要。就这样，鲜鱼也实现了食杂化。

■ 弄错努力方向的日本超市

20 世纪 90 年代后期开始，美国的超级超市连锁店对商品开发投入大量人才。特别是像果蔬一类购买频度高的基础商品，已经打造了 PB。因此，果蔬部门的毛利率提高到平均 34%，营业额也迅速增长。特别是蔬菜这种对于健康最重要的食品，更是在种子、土壤、培育方法三个方面分别进行开发。成熟而美味的蔬菜因而实现稳定供给。

在这一点上，日本的连锁超市也向着错误的方向发展了。例如即便见到了生产商，如果那只是个体农户，耗费时间和成本去研究种子、土壤、培育方法也是不可能的。因此就算见到生产商，也不能完全保证蔬菜是否美味。

举一反三，在当地"自产自销"也是同样，虽然是从周边收购，但也无法保证产品的新鲜度。像美国那样，在收获后三小时内立刻进行低温保存，恰恰是为了保持产品收获时的新鲜度。而且在周边区域只能进行小规模集货，无法保证全年稳定供给。这样一来，日本很多连锁超市的果蔬部门，毛利率跌到了 20% 左右，过去的"摇钱树柜台"也变成了"赤字柜台"。

美国的超级超市连锁店，是将果蔬在最美味的状态进行冷冻。这样不仅便于管理，还能在非旺季的时候实现稳定供给。而顾客只要将产品保存到冰箱里，就无论何时都能轻松享受新鲜的蔬菜了。

　　欧美正进行着这样一场集中了科技精粹的改革。日本的超市必须认真学习了。

4 // 整体搭配

■ 追求消费者购买商品的种类

不能认为售价降低，销售额也会随之下降。连锁店的方针，
原本就是建立在降低售价，以期增加销量这一基础上的。但确
切来说，增加销量并不是指消费者重复购买同一种商品，而是
购买多种不同种类的商品。当消费者一旦采取这种行为，商品
特有的品质标准就显得尤为重要了。

对商品进行整体搭配，在提高商品价值的同时，也是一种
促使消费者购买关联商品的方案。这一方案可以引导消费者在
购买目标商品的同时，顺便购买同柜台上其他用途类似的商品。
这样一来，消费者购买的商品种类就会增加。

整体搭配的意义在于对不同种类商品的使用感受、味道、

外观等进行协调。平衡统一之后，每一种商品都会与相关商品产生联系，这一商品群的价值就随之升高。

单品所无法实现的商品价值的提升，可以通过有计划地集合用途和方向相同的商品来实现。正因为商品群拥有较高的商品价值，也就形成了迥异于其他公司的本公司 PB 特有的独特性，并吸引顾客的眼球。

事实上，整体搭配是很难真正实现的，也是非 PB 不可的。那些订购的商品要实现整体搭配绝无可能。如果不是从一开始就针对商品群而非单品进行商品开发，就不可能实现协调。

日本的商店都会针对售货员举行"感觉提升讲座"，教给他们进行整体搭配的技巧。也就是要使现有商品的陈列更加协调，尽量提高商品价值。

但是，从各生产商那里订购的商品，即便集中到一处，也是没法实现调和的。因为这些原本就是按照零散的计划生产的商品，并不具备调和的可能。就算进行整体搭配，也是浪费时间。

■ 好用程度和购买频率

投入到整体搭配中分为两个阶段。第一个阶段是，对好用程度和购买频率进行搭配。换句话说，就是要把用途相同的各种商品大量陈列在一起。

比如说，在保养服装时使用到的商品有：洗衣机、机洗用的保护网、晾衣架、熨斗、熨斗架、洗手间的收纳用品、洗涤剂、防虫剂等。

洗衣机在购买后能够使用长达十年，因此购买频率极低。但洗涤剂之类的消耗品，购买频率却相当高。这一点上，根据本公司指定的形式不同，商品范围也会有差异。

对这个范围进行挑选的结果，就是所有商品都达到调和，进入"商品等级统一"的状态。

也就是说在整体搭配的第一阶段，不仅要对好用程度进行协调，同时要协调购买频率。这在日本是很容易被忽视的窍门。

在整体搭配的第一阶段，还有其他需要注意的事项。这就是时间、地点、场合和生活方式的问题。即便是用途相同的商品，一股脑儿陈列在一处也未必就好。

比如说，请思考一下"浴室翻新"的时间、地点和场合。剥下瓷砖换新，更换浴缸之类，由自己亲自翻新的情况也是有的。一家人利用休息日，一边享受一边工作。也有的只是进行擦瓷砖、给接缝上漆这类简单翻新。但大多数家庭都有很多事要做，不可能浪费时间在浴室翻新上。

为了迎合不同人的生活习惯，所需要的商品都是不同的。因此不能只注重时间、地点和场合，还要加上生活习惯。首先要明确本公司追求的是什么样的时间、地点、场合和生活习惯的定位，然后再去集中和陈列商品。

如果不具备这个意识，只因为适用的时间、地点、场合相同，就把商品胡乱集中摆放，会造成专业人士适用的特殊用品、售价过高的商品、不具备使用技术的商品等普通人无法使用的商品增多。这样一来，对于那些只想进行简单翻新的顾客来说，购物就变得十分辛苦了。在烹饪用具和园艺用具的区域，也很容易发生这样的问题。

售价当然也是重要的问题。售价低的话，外行人和初学者也可以轻松购买。但如果售价偏高，除了专业人士和习惯于自己动手的顾客之外，就不会有人购买了。

也就是说，既要考虑公司的计划和安排，又要考虑与其他商品部门间的关联，并从中导出对各种商品的分类方案。当对商品好用程度的整体搭配和价格一起实现了各商品部门的统一时，商品等级也就统一了。那么所有来店顾客购买的品种种类就会增加。

在这一阶段，虽然也有少数从生产商那里订购的商品被编入其中，但与其他公司间差别化的关键因素，依旧是本公司所特有的便利的商品。关于这一点，本公司应当迎合顾客需求，独立进行商品开发。

■ 外观的调和

整体搭配的第二阶段，是对食品类商品的味道、独特风味、营养价值，非食品类商品的外观，如外形、颜色、花纹进行协调。

也就是说，第一阶段注重的是便利，这第二阶段注重的则是愉悦。比起前者，后者在技巧上难度更高。

在日本，特别是在服装领域，整体搭配还是一个未经开发的概念。

在欧美，无论是综合商店还是专卖店，总体来说都是根据外观进行商品分类，同一个柜台上的商品，上装、下装和饰品的外观风格一定是统一的，彼此共同构成整体搭配。但是在日本，至今为止依然主要按照批发商的不同来分类商品，上装和下装的柜台都是分开的，甚至罩衫和毛衣的柜台也是分开的，只是因为这些服装来自不同的批发商。

像欧美那样按照外观进行分类的话，顾客在找到中意的牛仔裤后，紧接着就会看到与之相搭配的衬衫或毛衣，很容易产生想要配在一起穿的想法，这样分类有助于促进顾客消费。当然在这附近，还会有搭配裤子的皮带，这会再次激起顾客购买关联商品的欲望。

像日本这样的商品分类，即便顾客发现了喜欢的牛仔裤，也没有任何因素促使他继续购买。即便试穿后，裤子的尺码是合适的，由于没有与之搭配的上装，顾客不得不自己来考虑。这样一来，因为没有明显的效果，结果有时候连裤子都不买了，更不用说相关商品。

对于顾客来说究竟哪一种更便利，已经一目了然。这样一来，可以在短时间内享受到便利又愉悦的购物，生活也因此丰富起来，购买的商品种类自然也会增加。

而对于商店来说，一种商品在加入一个协调的整体后价值倍增，也因此实现了和其他公司的区别。

这就是订购商品无法实现的，只有 PB 才能一试的价值创造。

■ 出色的颜色敏感度

若说到整体搭配的技巧，第一就是颜色。通过统一相同色系，最终实现整体协调。虽然统称为蓝色，但既有混杂黄色的绿松石，又有混杂紫色的黄宝石。这些都是不同色相的蓝色，看起来也是不尽相同。

同时，要将主要的颜色限定在三种以内。就算能将更多种颜色统一起来，顾客要认识它们却很辛苦。以先前的蓝色为例，由于绿松石和黄宝石都是不同的颜色，如果要同时使用应当算作两种颜色。

第二点要注意的，就是花纹种类。多种多样的花纹，通过不同的组合可以让商品外观丰富多彩，避免过于死板。顾客会享受从中挑选中意组合的过程。

首先要从传统的竖条纹和格子纹这种简单的花纹开始引导。以这种直线条纹为基础，再加入圆点纹、花纹、藤蔓纹等曲线纹样。这样一来，可供选择的范围就会扩大，各种组合千变万化，进行选择的人也会觉得愉悦。

或者在三种主要颜色之外，再加上一种颜色作为突出点，但需要注意的是，这种颜色的使用面积不能过大，否则达不到调和的效果。

据说眼睛接收的信息量，占一个人接收的信息总量的八成以上。而视觉作为最重要的信息来源，它所接收的信息中，占比重最大的又是对色彩的认知。比起形状和文字，色彩更加易于理解。所以公路和电车的信号灯都是用红、黄、绿这几种不同的颜色来表示。

因此整体搭配的决定性因素，就是色彩的统一。如果色彩相同，顾客就会知道这些商品属于同一组，进而会感到安心，愉悦地进行购物。

■ 风格的统一

整体搭配的要素中，也包括外形。这是因为当不同种类的商品集中到一起时，除颜色外，如果外形不够协调，也会令人感到不快。

物品的外形，就是它的风格。风格也是要遵守法则的。没有法则，也就没有美。风格必须统一。

我们都在电视节目中见过艺人的豪宅，其中相当一部分的内部装修和家具风格极其不协调。内部装修十分时尚，沙发却是路易六世的华丽复古风，地毯又是黑白分明极具现代风格。

每一件都价格不菲，但因为没有统一的风格，看起来就像是把一堆高档品胡乱堆到一起，无协调搭配可言。这样的状况，是不会让人感到舒适的。

在本公司进行 PB 开发的时候，风格问题是必须解决的。首先，从历史上知名度较高的古典风格中选择一个对日本人影响较深的风格作为基础。然后将近年来人气不断上升的现代风格作为下一次品牌开发的候补。服饰和家居都这样来思考。

在开发 PB 时，无论是古典风格还是现代风格都要进行再次取舍。只留下象征性的要素，其他一律简化。由于还要加入颜色和花纹，故不必太拘泥于外形。这样一来，整体搭配会更加易于理解。

外形的绝对条件，是不同种类的商品在风格上的统一。如果风格混杂，无论颜色多统一，也会有不和谐的感觉，无法融为一组商品。

■ 最适应用途的材料组合

无论是服装还是家居，其整体搭配都是由实用品构成，所以好用程度都是第一位的，其材料也因种类的不同而各不相同。

要开发 PB 的商品也是一样，应当选择最适合商品用途的材料组合。

如果将错误的材料组合在一起，商品的使用体验就会下降，无法实现该有的用途，成为残缺的商品。不仅如此，协调的愉悦感也会消失。

比如说，所有人都穿着相同质地、相同颜色的搭配协调的套装。如此一来，外观整齐划一，大家都会很高兴。如果是上身穿着单薄的棉质品，下身穿着弹性斜纹织物，外面套着宽松的丙烯面料的衣服，那么首先，在选择了与用途相适应的面料之后，又统一了色彩和花纹，那也就实现了整体协调，一定会觉得愉悦。

如果挑错了材料，即便色彩相同，整体风格也是不和谐的。材料所表现出的质感也会影响到颜色带给人的感觉。这一点用相同材料、相同颜色体现得不明显，但在复杂的物品中看得出来。

用不同的材料染出相同的颜色，却着实不是简单的技术。但正因为如此，本公司才应当拼命克服这个难题。

在日本，经常会有人把"材料不同，色差在所难免"作为无法实现协调的借口。选择的材料不同，使用不同染色剂也是正常的。木材、塑料和丙烯酸纤维，不仅染色剂不同，连染色手法也各不相同。仅从纤维来看，聚酯、木棉、绢、麻，所用的染料和染色方法都是不同的。

但通过调整染料和染色手法，染出相同的颜色来是可能的。

家居装饰（Home Furnishing）
用于使住所更加美化便利的设备・器具・装饰的总称。在美国通常指销售家具、窗帘、寝具、大型家电等商品的综合店铺。

现在欧美的连锁店已经实现了，日本没有理由做不到。

如今，在欧美连锁店的非食品类 PB 中，进行整体搭配的商品开发已经成为常识，单品是不会单独开发的。因此，哪怕他们是在全世界范围内进行商品生产的供应商开发，也一定要保证颜色和风格的统一。哪怕把不同产地的商品放到一个柜台上销售，也不会有不和谐的感觉。

这并不是因为所有产地的技术都十分先进。而是因为连锁店方面的规格明细书中，明确标出实现整体搭配这一要求。

在欧美柜台上的整体搭配的商品群中，有产自世界各地的商品，如南美的巴西、厄瓜多尔，中东的埃及、约旦等。但即便如此，商品的颜色与风格依旧完美统一。

这才是连锁店的纵向商品供应计划的绝妙之处。

对于欧美连锁店而言，实现整体协调已经成为理所当然的事。如今，他们正在通过搭配种类的扩张一决胜负。另外在家居领域，搭配商品的持续销售被视为与其他公司拉开差距的关键。

■ 开发特有色彩系统的希尔斯（Sears）

20 世纪 70 年代后期，美国出现了一种新的生活方式，人们

首都居民（Metropolitan）
都市人，生活在首都的人。远离直接生产环节，
以消费性活动为主的阶层，多为学生或自由职
业者。居住地也富于流动性，追求生活品质，
对流行时尚十分敏感。

可以自己来组合家用设备，使之变得美观协调。而这种能够让
普通人轻松进行搭配的一系列家居用品，最初就是由零售商希
尔斯开发并普及的。

那个时候，每个商品种类，都有不同的采购员开发或订购
许多与其他种类商品毫无关联的产品。因此那些对家里的整体
搭配要求较高的顾客，不得不东奔西走，只为从某个柜台选一
件商品进行搭配。也就是说和日本的现状相同。因为无法在一
家店里完成购物，顾客只能在数家店之间来回跑，收集自己中
意的商品。

大部分消费者都不认为这样麻烦的行为有意义，所以只是
在品质不错的希尔斯，或是同为零售商的 JC Penney，或者干脆
在百货商店，买一些白色、米色、茶色等自然色的商品随意凑
齐。在日本，那些在无印良品里买齐家居用品的人，大概也是
这样的想法吧。

但是富豪的宅邸、酒店、餐厅的内部装修，要依赖于家居
装饰公司的搭配设计师。这个搭配设计师会在批发商集中的设
计中心，按顾客的要求拟出一份清单。这个设计中心就是按照
品种和风格进行专业化的批发商集合体。这在今天的高级家居
装饰领域依然没有改变。

就在这时，虽然希尔斯对家居装饰公司没什么兴趣，但为了能让顾客在希尔斯买齐家居用品，实现整体搭配，开发了独特的"色彩系统"。

为此，所有的家居相关商品，都被标记上了颜色序号和颜色名称。最大的特征在于，基本颜色都是比较明亮的中间色，没有深色。而且虽然色系相同，但进一步被分为亮、明亮、灿烂这三种明亮程度有所差异的颜色。

颜色序号是三位数，前两位代表基调色，后一位代表明亮程度。除颜色序号外，还附有颜色名称，比如第 765 号就是"品蓝·亮"，第 763 号则是"品蓝·明亮"，通过序号和颜色名称来说明商品的颜色种类。

希尔斯还发行了向消费者说明这个颜色系统的小册子。他们告诉消费者：序号的前两位即颜色名，只要颜色名相同，各种明亮程度可进行任意组合，效果都很美观。

凭借这个方法，即便是没有整体搭配技巧的普通群众，也都能搭配出美观协调的房间。不久，JC Penney 也参与到竞争中，推出了一套基本一样的系统。各零售商都开始纷纷为美国的整体搭配普及贡献力量。

第

9

章

开发进口的基本原则

1 // 进口的行动原则

■ 进口问题的常识

首先解释一下相关术语。

"产品进口"＝引进产品化的物品。

（1）日本从20世纪80年代后半期开始，进口总额的一半中（英美占八成，德国占七成。这主要是连锁店经营致使产品进口增多的缘故。）

（2）其中需要注意的是，家电的定点生产（俗称代工）较多。

（3）一般而言，这些产品进口大都是通过企业经营。

"并行输入"＝针对国际知名品牌，绕过国内的正规代理店，直接引进、交易。

（1）容易掺进假货。

（2）欧美大型零售业（百货商店之类）经营价格不菲。

"开发进口"＝连锁店想要的经营方式。

（1）在国外，

（2）生产、加工、搬运、储藏、收购集货系统，

（3）以连锁店自身风险进行规划，

（4）在当地展开指导、运营，

（5）连锁店自身直接展开零售的贩卖活动。以原材料、半成品的形式，直接进口也存在三角贸易加工方式。此外，通过企业委托，只通过贸易手续，然后支付一定的手续费（较低）这种形式在日本并不常见。

针对"开发进口"，以目前为止叙述的事情为前提，连锁店需要重视图表9-1中的问题。图表中显示了连锁店在"开发进口"中的行动准则，在公司内部是必须贯彻的项目。其根本原因就在于，左侧一栏中显示的内容全部是在日本不胜枚举的失败之例。中栏指出了造成这些失败的原因。此外，关于"如何应对"也在右侧一栏中提出了"基本对策"。

以 a 为例。右侧一栏中如果没有预先说明售后服务中心这一项，就绝对无法展开进口工作。当然，零部件的库存问题也

图表 9-1　进口基本对策（初期较常见的"规格书缺陷"除外）

	问题与损耗	原因	基本对策
a	Hard Goods 无法修理	无替换零件库存	①建立售后服务中心 ②确保一定的零件库存
b	不良品率（检测不合格）较高	生产者欠缺品质管理能力	需要专业的品质检测机构
c	销售业绩不佳	①售价过高 ②品质低劣、目标客户群较小或用途有限 ③缺货（对策与 d 相同） ④广告宣传不够	① Affordable Item&Affordable Price（合理的品目与实惠的价格） ②大范围的实际测试 ③反复进行样品制作和试售
d	畅销商品缺货	无持续性扩大采购体制	预先配置供应商紧急短期组合系统
e	交货逾期	①运输延迟 ②通关延迟 ③船运延迟（多发）	①搜寻半成品 ②构建储存·运输·通关系统
f	汇兑损失	①汇兑行情变动 ②习惯性支付制度	①对比研究付款时机与方式 ②进口目标国的分散与组合
g	批量（合同数量）不足导致无法签约	供应商或大工厂拒绝询价的借口	①供应商的区分使用 ②解释流程 ③样品制作可委托其他工厂
h	有关税壁垒或进口配额的商品	临时缓和后可能在 X 年后因新品种而强化	①研究"调整品" ②增加业绩，为将来的新配额做准备
i	赤字	①零售价与批发价的比值保持惯例不变 ②一次性大量订购 ③由上述 a—f 导致 ④规格书缺陷导致次品产生	①零售价与批发价的比值至少提高 10% ②坚持少量多次订购的原则 ③上述 a—f 对应的基础系统完善
j	无进展	①负责人能力不足 ②公司高层一时兴起 ③上述 i 项缺乏反思	①选择精干人员（20 年） ②首先进行理论特训，到美国参观学习 ③确保调查经费充足

（均为系统前期配置与事前调查的频率所左右）

消耗品（Soft Goods）
指医疗·服饰类·化妆品等，最
近还涵盖日用杂货、家庭用品、
小型室内用品、医药品和一部分
文化商品。

须十分重视。

b 不仅限于硬件商品，软商品以及食品在海外产品检查中的
不合格率同样也处于较高水平，这是比较普遍的。如果商品就
这样被引进，自然会成为客户投诉、索赔的对象，虽说法律层
面上随后会采取一定补救措施，但太过浪费时间。再者商店里
货物一旦售罄，就会收到顾客的投诉。因此，是否按照前边叙
述的那样，在实地装船之前配置质量检测师，在工厂发货之前
自行前去确认检测系统这项工作，不仅是衣食住行相关的商品，
对于所有商品都是必不可少的。

■ 品质管理系统

就是说，

（1）决定检查方法，

（2）用数值展示商品品质下限。

首先，丰富的知识是不可或缺的。

最好的办法就是，在公司内部常设品质管理组织部门。这
就需要真正意义上的品质管理专家。

c 中大部分项目可能出现的情况，就是由于省略了前边叙述
的使用寿命检测以及试卖的步骤。

d、e、f 显示的是，海外生产中自然会出现的负面条件。实际上，在日本国内也会产生同样问题，只不过在短期内很难表象化罢了。也就是说，d、e、f 中所呈现的问题有解决的可能的话，日本国内产品出现问题的可能就会降低。

　　但是 g 呈现的可以说是完全不同的问题。像前边叙述的那样，在原本的交易中反复改编设计说明书，以及反复试作。每次试作就成了反复检查、试用、试卖。也就是说，在这样的试作阶段中生产的产品应该是极少量的。即便不止 1 个，说多了也就 10 个，最多不过 100 个。所以在原来的交易中，需要反复进行 100 次以内产品试作后，才能够判断量化生产的可能性，之后大量订购，然后投入大规模生产。

　　因此，在尚未达到该阶段时，对方是不会表示"由于产品批量（生产量、合同量）太少无法进行交易"的说辞的。然而现实中这种情况多发，是由于对方无法评估我方的想法和态度，从而产生想要取消交易的念头。需要自我反省的是，在双方交涉过程中什么地方触动了对方的神经。如果把负责人替换成一名精通商业谈判的人，说不定谈判立刻就能顺利开展了吧。

　　另外，h 显示的也是过去多次出现的问题。对策当中提到的"调整品"就是企业常用的术语——"暂时的替代品"的意思。

i中显示了开发进口工作处于赤字时的情况，j中显示了谈判进展不顺利的情况，两者都是失败的情况，其直接原因就是图表中栏和右侧一栏所写的七项。

这些是基于我从事经营顾问大约40年的咨询经验总结出的失败的原因。

我已经在本书中的多处地方指出了这些原因。换句话说，各个公司的失败原因有共通之处。一切失败都是我们公司在开发进口系统的筹备工作中准备不够细致所致，用一句话说，就是事先调查不充分造成的。

■ 天马俱乐部的前辈们

图表9-2展示了日本的连锁化势力引领的开发进口的动向。我带领的连锁店经营研究团体是属于天马俱乐部的会员企业。日本国内所说的"天马连锁店开发进口研讨小组"，在中国叫作"日本大型连锁商访中采购团"，在英语文化圈内叫作"Japan Chain Store Mass Buying Mission"。第一个项目是从大约40年前的1969年开始到20世纪80年代初，共计开展9次；

图表 9-2　日本大连锁商访中采购团的人员组成

```
1．名称　（日）天马连锁店开发进口研讨小组
　　　　　（中）日本大连锁商访中采购团
　　　　　（英）Japan Chain Store Mass Buying Mission

2．第 1 次策划（1969 年—1982 年）累计 9 次
　　⑴·中国台湾 4 次、澳大利亚 2 次
　　　·韩国、新加坡各 1 次　　　　　　　　　累计 300 人
　　　·一小部分成员前往菲律宾
　　⑵仅凭中国台湾产品→改变了日本的国民生活
　　　①烤鳗鱼　　　④衣架
　　　②洋伞　　　　⑤一次性筷子
　　　③塑料鞋　　　⑥羊毛
　　　　　　　　　　　　　etc.
3．第 2 次策划（1990 年—）累计 8 次
　　⑴平成二年（1990 年）7 月中国台湾　　　　（168 名）
　　⑵平成三年（1991 年）ASEAN 3 国　　　　　（71 名）
　　⑶平成四年（1992 年）10 月中国台湾·马来西亚·泰国（53 名）
　　⑷平成六年（1994 年）10 月中国台湾·广州　（100 名）
　　⑸平成十一年（1999 年）10 月中国香港·广州（76 名）　目前进口
　　⑹平成十二年（2000 年）10 月广州　　　　　（55 名）　服装的九
　　⑺平成十七年（2005 年）3 月上海　　　　　（55 名）　成均产自
　　⑻平成十八年（2006 年）3 月上海　　　　　（29 名）　中国
```

第二个项目是从 1990 年开始，共计开展了八次。

当时的团队中以中国台湾和澳大利亚为主力军，共计有 300 人参加，其研究成果在当今日本以大众商品、实用商品的形式渗透到人们的生活当中。比如烤鳗鱼、洋伞、塑料鞋、衣架、一次性筷子等。

在这个团队当中，我们第一次认识到实际的 FOB 价格（当地国家或地区的出口装船交货价格＝实质生产成本）。比如说一把透明塑料伞仅有 520 日元之类的。在当时的日本，商品零售

价格基本都高于 1000 日元。烤鳗鱼和塑料鞋也是同样。如今想必大家也都了解，这些商品无论是在日本，还是在国际上，其标准价格都在下降。

特别是 1990 年以后的广州、上海地区的队伍，以时下已经开办的中方主办的国际商品展销会为舞台，在发展成为面向日本的服装出口国 Number 1 之前，大量购买。

其目的主要在于以下六个方面。

①在通过企业·供货商的收购途径以外，开拓其他新的途径。

②在与美·欧·澳的连锁店的交易中，发现新的出口商，并将其作为新的贸易对象。

③最后，以加工业为窗口，以 FOB 价格展开直接贸易（当时日本的零售售价是其 10 倍。以 FOB 价格的 3.5 倍出售的话就跟美国大致处于同等水平，是日本一般零售价的三分之一）。

④顺序是购买样品→订购设计说明书→试制作→科学检测+寿命检测+试卖的反复，按照本公司的设计理念去生产本公司的自主品牌。

⑤建立一旦成为畅销商品的追加补充生产网，为达成商品

数量的大批量化采取必要措施。

⑥培养我们公司的核心商品，作为21世纪10年代这个竞争最为激烈的时代的秘密武器。

换言之，就是否定了参加国际商品展销会时，大部分日本人"在已有贸易往来的供应商的指引下，所有人就单纯地散散步，看看然后就回去"这种"商品展销会一日游"的想法。而且，并非就这样简单地采购商品展销会上陈列的产品，还要把这当作商业谈判的出发点的线索，在实际的交易时，反复更新设计说明书和进行产品试作。

这种方式通常是在商品展销会开始数月之前就去到美国，大量购买当地连锁店的畅销商品的样本，然后带到商品展销会，去寻找生产商。这就是天马团体的独特又彻底的方式，很多企业在后来的开发进口工作中取得了成功。

■ 开发进口的行动原则

接下来我总结一下我提出的关于"连锁店经营的开发进口"的行动原则。

第一，首要目标是商品零售价的根本性的贬值/降价。这是说以日本现行行价的三分之一为目标，达到与美国同等水平，以 FOB 价格的 3.5 倍作为商品零售价。为此，在开发进口过程中，寻找能够以 FOB 价格进行交易的贸易对象的开发工作是不可或缺的。这是因为 FOB 价格意味着在产品加工最终阶段的产品成本。

所以说，即便是去国外参加国际商品展销会，原则上也不要与占参展企业很大比重的供应商（大型批发业）、中间商之类的信息商打交道。

这样才能在与日本国内同行的竞争中占据优势地位。

此时，商品差异化的决定因素中，首先就是商品价格。针对顾客而言的更加便利、愉悦的品质和功能革命，在日后的竞争中是非常重要的竞争条件。

因此，打着"开发进口"的口号进军国际，却只能将零售价格最多降低三成到五成的话，是毫无意义的。这不能称之为"开发"进口，只不过是一种较为廉价的购货途径对策。

第二，商品的品质与功能最初并非自主发明，而是一种模仿。在品质和功能方面，首先从一个侧面着手，制造与美国连锁店的畅销商品类似的"翻版"商品，之后可以在进行完使用寿命检测后，变更新产品试作的设计说明书。

在日本也有不少人会混淆这个问题，产生出"所有一切东

224

西都是发明的"这样一种错觉。虽然我对"发明"至上这一看法深信不疑，但那是"熟知"之后的事情。

不了解什么东西对于人们而言是便利、美丽、享受的话，是绝对无法进行艺术创作的。

那么基于这样的目标需要做些什么呢？就是以下所述三项。正如前边所述，这些内容非常重要需要不断反复琢磨。

①在美国的 A 级连锁店中，采样摆放数量相对较多的商品。

②让产地国驻日大使馆的商务官直接介绍本国的生产者。

③在当地的国际商品展销会上进行追加调查（产品、材料、加工器械每项都要调查）。

所以我们行动的出发点不在于"思考"，而应该预先做好调查所需费用预算，然后全面开展货源开发工作。

当然在此期间，理论体系的学习也是必不可少的。我们为天马俱乐部会员企业准备的，针对开发进口的理论体系有以下五项内容。每三天 18 小时的课程，已经在开发进口工作上取得实际业绩的连锁店中，大致每家公司都至少有 100 名员工多次接受过培训。培训顺序按照讨论组名排列的话，如下：

①强化商品力（商品筹备的实际业务原则）讨论组；

②采购基础技术讨论组；

③PB 开发技术研讨组；

④美国连锁店考察讨论组；

⑤开发进口采购团。

▓ 目前为止失败的原因

正如前边所述，"开发进口"工作的失败例子不胜枚举。图表 9-3 将其一一列举了出来。这是天马俱乐部内部诸多宝贵经验累积出来的教训。在公司内部开展开发进口工作时，希望您能够将此作为核查项目加以参考。表中每一行内容都是前人告诫我们的、非常宝贵的失败的原因。

尤其不能容忍的是国内大型企业中由于国外买方原因所致的失败。比如说图表 9-4 中的 a 项。在日本，大型企业经常在小型供货商面前摆架子，在面对国外买家时不经意间也做了同样的事。而在贸易对象国，面对如此蛮横的态度，对方是不会认真做出回应的。无论提出多么优厚的交易额，对方也会肯定以"批量不合"为由冷淡地拒绝。

图表 9-3 过去"开发进口"失败的原因

①负责人兼任常规的采购业务
②按原有的供应渠道联系生产商
③在国外依然选择委托日本的贸易公司或当地供应商
④出差·调查所需费用的预算过少
⑤生产国的政治形势发生变化导致不良影响
⑥公司高层自身不能提供强有力的后盾
⑦同一公司内部因相同的原因反复导致失败→没有探究失败原因
⑧未介入收获及加工现场
⑨采取按计划一次性大量订购或季初批量订购的方式
⑩因对方运输体系不成熟导致商品交货逾期频发
⑪在持续采购阶段因中间商的介入导致成本上涨
⑫对"高品质"的尺度把握制造商有出入
⑬农产品容易出现品质良莠不齐的情况
⑭不必要的规格过多过杂,且未进行现场品质检测
⑮缺乏素材的转换(素材规格书)
⑯包装设计不合理,陈列时无法突出展示
⑰没有反复进行以下 5 项操作:(a)试制,(b)科学检查,(c)公司内部试用,
　(d)公司内部试售,(e)在 3 家店铺进行试售
⑱对顾客而言的便利性(适用性)展示不够
⑲畅销商品缺货
⑳商品明确畅销后,没有迅速组织搜寻用于追加加工的半成品
㉑在企业规模较小时进行 NB 制造商擅长的批量化品种(生活必需品等)的开发
㉒用低于其他买家的价格(仅此时能低价购入)采购 NB 商品,导致新开发的
　产品无人问津

▓ 开发后会出现的问题

开发进口工作的开展无论有多谨慎,之后肯定也会遇到以下四种障碍。所以有必要提前做好清醒认知,提前采取必要措施。

(1)资金周转恶化

货款支付采用结汇结算,使得支付所需时间比国内交易短。开发进口工作所需的运转资金预算,可以看作以 FOB 价格

图表 9-4　日本大企业采购的失败实例

---

a. 摆架子＝高高在上
b. 不实地考察生产工厂，止步于当地出口商的事务所
c. 全权委托当地供应商（出口商）
d. 倾向于从已经出口日本的商品中选择
e. 在毫无依据的情况下不断要求对方"便宜点""再便宜点"
f. 使用"大致""大体""差不多"等暧昧不明的措辞。虽然口头上看似达成一致，但实际运送到日本的商品却完全不符合要求，由于没有明确产品规格，也无法向对方提出质疑
g. 在没有样品的情况下开始交涉（对方往往误认为参照以往出口日本的商品即可）
h. 满足于免费获得对方提供的样品（样品仅有一小部分，但失去了在样品交易中了解商品单价的机会）
i. 仅在对方热情款待时志得意满
j. 没有设法通过集装箱混合装载等方式降低成本，没有采取品质检测措施，导致到达日本后不良品发生率变高（最高可达两成）
k. 采取仅订购一次的形式，未重复订购，最终导致搜寻考察的费用过高

进行交易的贸易总额的三到四成。启动资金少于这个量时，在接下来追加订购的时候，无论如何都不可避免交货日期延迟的问题。原因在于，即便我方诚实守信，生产者一方也会在半成品乃至材料供应方面出现滞后问题。因此，在滞销商品处理工作中，需要在提高国内商品的库存周转率、增强企业内部资金流动性方面下功夫。

（2）畅销商品缺货量激增

原因在于：①商店内货架的陈列方式（货架上规定的各个品种的摆放位置和摆放数量）尚未标准化（因店而异）；②未对贩卖数量做出合理预期；③单品（SKU）数量过多，订购时容易出现订单重复的情况。这种情况下每种单品的订购量难以预测，就容易出现缺货问题。如此一来：①在顾客心目中的信用

指数就会大幅下降；②对方店员对己方公司产品产生偏见；③不知不觉间，商店一方、商品部一方就会将开发的商品视作等同于临时的现货交易商品。这是最为严重的情况，被视作竞争武器的商品寄予了连锁店的期望和威信，如果不能长时间作为主要商品销售，将会是极大的损失。

（3）滞销商品逐渐增多

所开发的商品很容易像国内进货的商品一样，仅参考买方的喜好，不经过检查、试用、试卖就贸然开始销售。如此一来，商品部所负责的对于质量和功能的探讨和讨论空缺，就会导致所有开发进口商品具备突发性，企业所积累的经验法则不能得以充分发挥。

（4）由于是初始业务，所以容易出现组织管理上的错误：①国外买家与代理商（中心机构里决定针对国外买家的商品订货量的专家）之间责任（决定权）与义务不清晰化；②公司总部，尤其是商品部工作人员可能会假借海外视察的名义外出游玩；③毛利率低于预期，一般的经费削减不见成效时，财务部门工作人员就会试图削减开发进口工作所需的费用。

■ 成功的决定性因素

图表 9-5 和图表 9-6 分别展示了"成功所需一览表"和"公司内部的解决对策一览表"。图表 9-5 中，左侧提出观点，右侧作为条件，×栏表示不可行的情况，○栏对比显示了建议对策。图表 9-6 中，每项都是"我们公司到底有无执行计划"，或者"有没有制订计划"之类的具体的企划案。前面的图表是观点，后边的图表是行动。

图表 9-5　海外成功交涉的对照清单

	思考方式	条件	
		✕	○
1	从成功实例中学习经验规则	自成一派（世界首次）	区分学习成功案例与失败案例
2	专注于少数案例	误以为特殊案例最具参考价值	尽可能参考更多的案例，进行比较
3	首先将美国作为参考对象	欧洲模式优先原则	注意美国连锁店与原产国之间的关系
4	只使用 A 级口译（翻译）人员	以只言片语为依据进行推测	翻译不完整是导致误解和错觉的起点
5	一般媒体报道往往言过其实	轻信媒体报道	只从连锁店的基本运行轨道进行评价
6	决策时被对方的热情款待所影响	因对方的热情款待而轻易签约	签约时只以成交点为参考依据
7	事先向对方表明无法给予全方面支持的态度	稍不留神可能出现吃回扣或成本增高的问题	明确双方 Give&Take 的关系
8	准确理解合同的内容	公司高层嫌麻烦仅让部下阅读	附言或补充部分的内容须一行行仔细阅读
9	事先确定发生纠纷时的处理方式	手足无措，忍气吞声	以将来无论关系如何均不可避免纷争为前提
10	公司高层需要仔细阅读报告的内容	完全交给相关部门负责人	公司高层必须掌握负面信息

图表 9-6　在公司内部进行商品"开发进口"的对照清单

1．单独编制开发经费预算
2．区分产品部门的内部职务分配
    (a) 跟单员（商品开发）————┐　　工程类·理科类
    (b) 采购员（进货）——————┘　　人才投入
    (c) 助手（科学检查·试用·试卖的筹备）
3．对从商品开发进口到本公司店内销售阶段的各个环节进行标准化
4．经营品种　　　　•首先为公司内部消耗品、备件以及机器设备
             •基础品目（持续性畅销品）
5．通过反复进行公司内部的试用与试卖测试商品的人气
6．试用→重新试制→试用→试卖的反复尝试
7．畅销商品的内部展示
        ①以 1 天（1 周 •1 个月）为时间单位，宣布在此期间销售了○个
        ②在公司内部简讯上发表采购人员的心血之谈
8．每周举办一次产品部门全员参加的讨论会（否则容易中途放弃）
    (a)畅销商品┐
    (b)滞销商品┘ 要明确特征→保存商品样本
9．滞销商品明确其特征　①店内广告————┐
                 ②报纸、杂志广告——├（× 客户服务的强化）
                 ③批量化特卖————┘
10．提高追加采购技术　　（1）交易量渐增原则
                 （2）产地（供应商网络）介入
11．构建运输系统
12．迅速处理失败商品（每 2 周）
        ①一次性打 3—5 折
        ②全部退回DC 后（避免放置在卖场内)卖给OPS 供应商

2 // 系统集成商的灵活运用

■ 企业灵活运用的常识

作为一个现实问题，这里有必要对是否应该灵活运用贸易公司做出判断。开发进口工作是国际贸易中十分重要的一环，对于没有知识和经验的人而言，向前迈出一步确实是非常艰难的。

我们在进行咨询工作的时候，一般会提出以下引导方案。

首先，关于企业灵活运用的长处有以下五种：

（1）能够灵活应对关税率的变化；

（2）报关所需时日缩短；

（3）可以了解混载技术（能够利用船舱和集装箱）；

（4）能够快速处理顾客投诉；

（5）能够安排、监管商品检查工作（尤其是质检）。

所以一定要加以充分利用。不过也存在以下四项弊端：

①价格昂贵；

②数量扩大，价格也会激增；

③原材料缺货时价格受控；

④在我方开发工作步入正轨之前，被竞争对手捷足先登。

可以说这些弊端完全抵消了前边所说的长处。需要注意的是，这些弊端全部都是企业一方拥有进口商品所有权时出现的问题。相反，如果企业一方仅接受贸易手续委托，这些弊端就不会出现，只有长处。

因此，在尚未熟悉开发进口工作时，将贸易手续委托给贸易公司即可。手续费是筹备金额的百分数，在复杂的集装箱和船运混载、专业检测人员技能方面也能够发挥作用。当然不是大型公司，而是专门负责贸易手续的中小型公司。最近，也有不少当地的公司开始面向日本，雇用极少数的日本人工作。

此时我们所说的连锁店的开发进口的问题就是，由于不了解对方中小规模的企业，所以需要特别注意以下三项：

（1）在当地确保己方公司对对象商品的所有权。

（2）装船前让专业人员进行商品检查工作。

（3）面向己方公司的产品加工、每次加工工程都要进行场内质检，并且增加检查次数。

■ 当地直营开拓企业的活动

我们公司直接经营的"以当地开拓为目的的企业"就是专门处理通常在商品部职能方面，职务容易欠缺的企业，在天马俱乐部内也有数十家公司以子公司的形式拥有实地开拓公司。目的主要在于以下两项：

①货源开发（采购）；

②总结生产加工的进展状况。

实际就是，构筑并运营从原材料阶段开始，到日本国内我方公司物流中心的所有工程。任务就是在每次订单中，快速构建这样一个框架，并顺利运营。

系统构建的时候，需要调查的合作伙伴主要有：

A. 必要时（24 小时以内、最迟不能超过 48 小时）能够组合以下流程。

（1）材料生产者和库存集聚所；

（2）产品加工整个过程中每个工厂的设备水平和工作能力；

（3）搬运途径（+途径信息）和包装途径；

（4）储藏·集聚场所；

（5）快速越境（结关/报关）的人和企业；

（6）能够进行质检、量检的人和企业；

（7）种类分拣（整理分类）地。

B. 右边所述的①各自的成本，②淡旺季，③把握同样业务执行能力的确定性，④适时每个加工阶段的数量把控、交易值的决定以及交货日期的谈判能够进行电话确认。

C. 必不可少的条件：①对方同时也在开展其他大规模业务（非己方公司专任），②低次品率。

但实际问题是，无论当地公司整个过程中的联络机制多么完善，大多情况下也无法具备货源开发所需的重要信息搜集功能。原因在于，对于把合作伙伴临时看作一个流程去组建工程这一看法，在日本还存在争议。还存在着这样一个"逃避谈"——这么麻烦的事情交给日本的公司或者当地的供货商（出口商）就行了。在综合服装、日本的超市以及大型专营店里，这种看法更为普遍。不过，即便是可以预见商品爆卖的情况，也有无法临时组合当地的流程，追加供给无法及时提供的情况。

其结果就是，虽说是开发进口，非食品毛利率不过30%，食品毛利率在 20% 以内。实际上只有按照当地企业的直接指示，日本国内的商品零售价才会大幅降低，能够确保非食品毛利率在 45%—55%，食品也能保证在 30% 以上。

这正是冒着直接支援当地企业开拓的危险付出的代价。

■ 系统集成商

在这里，我特意将日本的连锁店担负当地开拓任务的企业称作系统集成商（核心运营的企业）。为此，在当地历时多年培养的非同一般的"脸面"、信息收集能力，以及汇总整理技术是非常有必要的。

这是特殊的专业人员的集结，能把这些人汇总到一起的人物，即公司领导，绝非等闲之辈。可以说这种事情是总公司董事们的工作。

实际上，商品部压根就不听取当地开拓公司领导的看法这种情况也不少。原因大都在于，这些领导仅是头脑聪明、有点小才，并不具备在要紧关头设计生产工序的能力。这样的话，再精心的口号也是一纸空谈。

换句话说，系统集成商的功能就在于，分担有时进行访问的商品部工作人员不具备的专业知识，和信息收集、汇总工作。

最终决定成败的条件，我想是否可以归结为以下两点：

（1）当地采购办公室没有"物（产品、材料、设备）"（避免与买方产生分歧）。

（2）不要依赖于加工商的原材料购买能力，能够自行寻找并向工厂供给原材料。

这才是真正意义上的系统集成商的功能。

3 // 开发进口对象国或地区的选择

■ 开发进口对象国或地区

下边是关于开发进口对象国或地区好在哪儿的问题。

首先要讨论国家或地区的经济成长力的话，有公论的是以下以缩略语表示的七个分组。其中也有的国家或地区涵盖了三个或者两个组。

图表 9-7 中做出了总结。

· ASEAN = Association of South East Asian Nations

· BRICs = Brazil、Russia、India、China

· DAE = Dynamic Asian Economies

· MENA = Middle East and North Africa

· MINTs = Mexico、Indonesia、Nigeria、Turkey

图表 9-7　经济增长力较强的国家或地区的集团名称

※※ 符号表示调查优先顺序 A　　　　※ 表示顺序 B

国家或地区名 ＼ 集团名称	ASEAN	BRICs	DAE	MENA	MINTs	NEXT11	VISTA
阿根廷							○
伊朗						○	
※※ 印度 ※※		○					
※ 印度尼西亚 ※	○				○	○	○
埃及						○	
韩国			○			○	
※ 柬埔寨 ※	○						
北非				○			
新加坡	○		○				
※ 泰国 ※	○		○				
中国台湾			○				
※※ 中国 ※※		○					
中东				○			
土耳其					○	○	○
尼日利亚					○	○	
巴基斯坦						○	
孟加拉国						○	
菲律宾	○					○	
※ 巴西 ※		○					
文莱	○						
※※ 越南 ※※	○					○	○
中国香港			○				
※ 马来西亚 ※	○		○				
南非共和国							○
缅甸	○						
墨西哥					○	○	
老挝	○						
俄罗斯		○					

・NEXT 11＝BRICs 后续发展的 11 个国家

・VISTA = Vietnam、Indonesia、South Africa、Turkey、Argentina

中国虽然也非常有名，不过表中加注※号的国家作为新兴势力更值得瞩目。从这一点来看，可以说 BRICs 是最为新兴的势力。

因此，这些国家作为连锁店的买方，当然要到实地进行访问调查。

图表 9-8 中展示了日本的进口现状。以交易额的顺序看，中国居于首位，详细内容中纤维制品有两兆五千亿日元，占据日本同类进口额的 67%。接下来是金属、机械是第一位，食品是第二位。食品方面，美国是第一，交易额达到了一兆日元。澳大利亚最多的是食品，交易额有四千亿日元。

图表 9-9 中展示了日本从中国进口的产品规模。可以看出，按金额排序的话，定点生产的家电居于前两位，棉质女裤交易额有一千亿日元，已经达到第三位。请仔细阅读该图表。

图表 9-10 中以生产国别展示了在美国的连锁店，我们的视察小组购买的用于寿命检测的西式货、杂货的连锁店名、产地、价格。

图表 9-8　日本从各国或地区的进口额及比例（2008 年）

注 1："食品"包含生鲜类与谷物。
注 2："其他制品"指木制品·家具·旅行用品·手提包·金·非金属矿物制品等。

国家或地区		进口总额 （百亿日元）	%	食品 注1： （百亿日元）	%	非食品 类进口 额 （百亿日元）	%	化学制品 （百亿日元）	
中国		1483	① 18.8	65	② 13.2	926	39.3	88	
美国		803	② 10.2	109	① 22.0	321	13.6	112	
欧洲		729	9.2	58	11.7	425	18.0	185	
	德国	215	⑧ 2.7	12	2.4	108	4.6	51	
	法国	110	1.4	18	3.5	69	2.9	32	
	意大利	82	1.0	7	1.4	58	2.5	15	
	英国	77	1.0	3	0.6	44	1.9	24	
澳大利亚		492	6.2	41	③ 8.3	8	0.3	4	
印度尼西亚		337	4.3	10	2.0	31	1.3	7	
韩国		305	3.9	14	2.8	106	4.5	32	
马来西亚		239	3.0	3	0.6	44	1.9	10	
中国台湾		225	2.9	8	1.6	100	4.2	20	
泰国		215	2.7	31	④ 6.3	91	3.9	17	
俄罗斯		138	1.7	13	2.6	2	0.1	1	
加拿大		132	1.7	26	⑤ 5.3	12	0.5	6	
巴西		94	1.2	18	3.5	4	0.2	3	
越南		94	1.2	10	2.0	28	1.2	1	
菲律宾		87	1.1	12	2.4	25	1.1	1	
新加坡		81	1.0	5	1.0	41	1.7	11	
印度		54	0.7	4	0.8	12	0.5	4	
中国香港		16	0.2	1	0.2	11	0.4	0.1	
其他		2371	30.0	85	16.5	172	7.3	71	
世界		7895	100.0	495	100.0	2359	100.0	573	

资料：《外国贸易概况 2008/12》以及《日本贸易月报 2008/12》
　　　（日本关税协会 2009/3）JRC 制作

%	机械制品 (百亿日元)	%	金属制品 (百亿日元)	— %	纤维制品 (百亿日元)	%	其他制品 注2: (百亿日元)	%
② 15.4	247	① 40.7	46	① 48.4	257	① 76.7	288	① 38.5
① 19.5	104	② 17.1	8	③ 8.4	3	0.9	94	② 12.5
32.3	99	16.3	9	9.5	22	6.6	110	14.7
③ 8.9	34	③ 5.6	3	3.2	1	0.3	19	2.5
④ 5.6	13	2.1	1	1.0	1	0.3	22	2.9
2.6	9	1.5	1	1.0	13	② 3.9	20	2.7
4.2	9	1.5	0.8	0.8	1	0.3	9	1.2
0.7	0.5	0.1	0.1	0.1	0.09	0.03	3	0.4
1.2	7	1.1	2	2.1	5	1.5	10	1.3
④ 5.6	33	④ 5.4	9	② 9.5	5	1.5	27	3.6
1.7	9	1.5	0.7	0.7	3	0.9	21	2.8
3.5	20	3.3	5	5.2	3	0.9	52	③ 6.9
3.0	29	⑤ 4.8	8	③ 8.4	5	1.5	32	4.3
0.2	0.01	0.002	0.04	0.04	0.01	0.003	0.7	0.1
1.0	2	0.3	0.2	0.2	0.2	0.06	4	0.5
0.5	0.9	0.2	0.08	0.08	0.2	0.06	0.7	0.1
0.2	5	0.8	1	1.0	9	③ 2.7	12	1.6
0.2	11	1.8	0.8	0.8	1	0.3	11	1.5
1.9	15	2.5	0.2	0.2	0.02	0.006	15	2.0
0.7	1	0.2	0.2	0.2	2	0.6	5	0.7
0.02	0.9	0.2	0.04	0.04	0.4	0.1	10	1.3
12.4	23	3.8	5	5.2	19	5.7	54	7.2
100.0	607	100.0	95	100.0	335	100.0	749	100.0

图表 9-9 海关统计日本产品中从中国进口的产品（2008 年 1—12 月）

< 中国每年向日本的出口额达 100 亿日元以上，且占有率达 80% 以上的品种列表 >

　(1) 按金额排序

　(2) ◇表示带刺绣·蕾丝等，◆表示无刺绣·蕾丝

　(3) 占有率是指中国产品在日本所有的进口产品中所占的比例

品种	单位	数量	金额 (亿日元)	占有率 (%)
电视游戏	百万个	25.7	1327	88
视频设备（磁带除外）	百万台	10.3	1260	83
◆棉制女裤	百万件	127.5	1038	87
空调	百万台	3.9	900	86
皮鞋	百万双	108.6	884	88
◇聚酯纤维制运动衫·套头衫·开衫	百万件	119.0	629	92
◇棉制运动衫·套头衫·开衫	百万件	92.2	605	87
自行车（24 英寸以上）	百万台	7.5	598	90
◆棉制运动衫·套头衫·开衫	百万件	124.5	571	91
◆棉制 T 恤·贴身衣物	百万件	192.3	550	86
塑料制玩具	百万个	566.4	529	90
人造纤维制男夹克衫	百万件	32.6	485	83
棉制卫生间织品·厨房织品	百万打	73.4	468	84
寝具	百万千克	72.7	443	91
◆棉制 T 恤·贴身衣物	百万件	239.2	427	85
◇腈纶制运动衫·套头衫·开衫	百万件	51.3	419	95
胸罩	百万个	101.0	417	86
◆腈纶制运动衫·套头衫·开衫	百万件	56.9	385	98
棉制袜子	百万双	541.8	342	88
人造纤维制女夹克衫	百万件	25.8	335	90
人造纤维制外套	百万件	16.2	310	89
◆合成纤维制女裤（带皮毛）	百万件	41.1	310	93
◆羊毛制运动衫·套头衫·开衫	百万件	25.1	309	91
鞋类（覆盖脚踝）	百万双	23.2	295	94
◆人造纤维制女装	百万件	51.7	283	91
合成纤维制袜子	百万双	474.7	274	89
录音机	百万台	6.2	272	82
合成纤维制连衣裙	百万件	22.2	263	84
◆人造纤维制女衬衫	百万件	31.3	252	86
◆聚酯纤维制运动衫·套头衫·开衫	百万件	53.6	236	96
◆人造纤维制男装	百万件	21.2	227	84
◇棉制女衬衫	百万件	47.6	220	86
布偶玩具	百万个	117.6	214	96
◆棉制女衬衫	百万件	58.7	213	89
◇合成纤维制女衬衫	百万件	44.3	204	89
◇棉制训练服	百万件	31.8	200	94
塑料制家庭用品	百万千克	45.0	193	81
凉鞋（无鞋带）	百万双	59.7	193	85
◆棉制女内裤	百万件	180.4	192	91

品种	单位	数量	金额 (亿日元)	占有率 (%)
伞	百万把	106.2	183	98
合成纤维制女夹克衫	百万件	11.2	182	88
塑料制小雕像·装饰品	百万千克	9.3	173	91
◇合成纤维制女裤	百万件	37.2	170	93
◆棉制男裤	百万件	116.7	170	84
◆人造纤维制T恤·贴身衣物	百万件	56.6	164	93
凉鞋（系带）	百万双	27.4	163	92
合成纤维制短裙	百万件	16.3	159	88
人偶	百万个	117.5	159	93
◆棉制女装	百万件	25.6	158	90
◆人造纤维制女内裤	百万件	97.8	156	87
◇合成纤维制连衣裙	百万件	21.5	153	91
鱿鱼加工品（熏制除外）	百万千克	36.1	151	84
冷冻蔬菜	百万千克	114.7	150	80
人造纤维制被褥	百万床	9.8	149	96
一次性筷子	亿双	178.1	145	98
合成纤维制窗帘	百万打	2.0	139	93
电子计算器	百万台	18.1	139	99
◆再生纤维·半合成纤维制运动衫·套头衫·开衫	百万件	15.8	138	94
塑料制动物玩具模型	百万个	151.0	136	98
棉制女外套	百万件	6.2	134	86
棉制床上织品	百万打	2.9	130	95
电扇	百万台	7.4	128	92
皮箱·手提箱·文件包·书包	百万个	8.3	121	81
竹笋加工品	百万公斤	89.7	119	98
人造纤维制男外套	百万件	4.4	119	88
◇棉制女裤	百万件	32.2	118	94
◇合成纤维制男裤	百万件	23.4	116	93
◆合成纤维制女衬衫	百万件	26.3	113	89
◇再生纤维·半合成纤维制运动衫·套头衫·开衫	百万件	10.5	113	80
电烤箱	百万台	3.6	111	85
◇合成纤维制男衬衣	百万件	23.4	110	88
防水鞋类（覆盖脚踝）	百万双	19.3	108	93
手套·连指手套·合指手套	百万个	6.4	107	88
合成纤维制毛毯	百万条	22.1	104	97
◇棉制T恤·贴身衣物	百万件	30.8	103	83
人造纤维制女外套（带皮毛）	百万件	3.7	101	90
羽绒被	百万床	2.9	101	89
合成纤维制男套装	百万件	2.6	100	82

资料：《日本贸易月报 2008/12》（日本关税协会 2009/3）JRC 制作

图表 9-10　日本采购团考察美国时购买的用于实际测试的服饰（产地及价格）

◇男士服装（产自 16 个国家）　　　　　　　　　　　　　　　　续表

产地	品种	公司名称	材质	价格($)
印度尼西亚	夹克衫			59.99
	风衣		棉100%	29.99
中国	衬衣	Target		21.99
				19.99
			人造纤维65% 棉35%	19.99
			棉100%	14.99
				10.48
		Sears		7.99
越南		Wal-Mart		14.00
			人造纤维	9.00
柬埔寨		Target		29.99
				24.99
孟加拉国		Wal-Mart		14.00
				12.96
埃及				
中国	T恤	Target	棉100%	9.99
泰国		Wal-Mart		6.00
		Target		3.33
洪都拉斯		Target		4.99
海地		Old Navy		8.50
孟加拉国	POLO衫	Wal-Mart		12.00
印度				9.00
巴基斯坦		Kmart		14.99
		Old Navy		9.49
埃及		Wal-Mart		12.00
危地马拉		Target		14.99
萨尔瓦多	背心	Wal-Mart	棉100%	4.00

产地	品种	公司名称	材质	价格($)
印度尼西亚	牛仔裤	Target	棉58% 聚酯纤维42%	8.74
洪都拉斯		Wal-Mart	棉80% 聚酯纤维20%	19.50
柬埔寨	五分裤	Target		24.99
孟加拉国		Wal-Mart	棉100%	17.00
				15.00
洪都拉斯			聚酯纤维65% 棉35%	18.00
越南	裤子	Target	棉100%	19.99
				24.99
柬埔寨			棉54% 聚酯纤维46%	9.99
		Wal-Mart	棉100%	9.00
				24.99
印度尼西亚		Target	聚酯纤维65% 人造纤维65%	24.99
			棉100%	15.00
孟加拉国		Wal-Mart	棉60% 聚酯纤维40%	7.00
埃及			棉100%	16.50
			棉60% 聚酯纤维40%	18.50
洪都拉斯			聚酯纤维65% 棉35%	17.50
中国	鞋	DSW	皮革	59.95
			——	46.02
		Kohl's	皮革	34.50
		Target		29.99
				17.99
		Wal-Mart	合成革	30.00
			——	25.00
			皮革	20.00
				11.00

产地	品种	公司名称	材质	价格($)
中国	凉鞋	Target	—	12.99
				15.00
		Wal-Mart	乙烯树脂	10.00
				6.00
	沙滩鞋	Sears	橡胶	9.98
		Wal-Mart	—	2.50
巴西			橡胶	5.00
巴西	袜子	Target	棉85% 人造纤维14% 聚酯纤维1%	2.99
			棉75% 聚酯纤维25%	2.49
			棉82% 聚酯纤维18%	1.99
			聚酯纤维66% 棉25% 尼龙7% 斯潘德克斯弹性 纤维2%	0.93
巴基斯坦		Wal-Mart	棉83% 尼龙15% 聚酯纤维1%	6.47
			腈纶82% 棉9% 尼龙8% 斯 斯潘德克斯弹性纤维1%	4.00
美国			棉78% 聚酯纤维22%	1.00
			棉84% 聚酯纤维16%	0.75
洪都拉斯			棉87% 聚酯纤维13%	0.67
中国	皮带	Target	皮革	17.99
				12.78
		Wal-Mart	合成革	11.00
			棉100%	9.96
印度		Target	—	14.99
墨西哥		Wal-Mart	棉100%	9.96
危地马拉		Target	—	19.99
			皮革	8.99

产地	品种	公司名称	材质	价格($)
中国	帽子	Target	棉100%	12.99
		Wal-Mart	麦秆100%	10.00
			棉100%	7.00
			聚酯纤维100%	2.50
孟加拉国			棉100%	5.00
中国	墨镜	Wal-Mart	—	11.00
				10.00
				5.00
	手表			10.00
印度	围巾	Target	人造纤维100%	12.99
	领带	Kohl's	丝绸	12.99
中国	皮包	Wal-Mart	聚酯纤维100%	4.74
	印花手帕	Target	棉100%	1.49

公司名是直接将那个企业自有品牌的品牌名加了进去，一目了然。可以看得出来，产地国已经扩展到了中国以外的亚洲地区，中东、近东地区，南美地区，非洲等世界各地。当然，采购人员与买家也多次往来于这些国家。此外令人咂舌的就是商品零售价的低廉程度，刚好是日本零售价的三分之一。以男士服装为例，上衣、裤子、衬衣、鞋子，再加上帽子，这些商品加起来用 50 美元到 80 美元就能够买得到。

■ 首先应该去哪些国家

首先是欧美大型联营开发中的产地国。接下来是作为日本的连锁店需要标明的货源开发地，在图表 9-11 中首先是用●加以标注。

慎重起见，需要补充的是，新兴国家具有以下特征：

A. 经济特色

（1）产业大跃进

（2）积极从国外引入外资（外汇）

（3）利用民间企业资源的基础设施配备工作逐步进行中

①道路、上下水道、电力供应、天然气；

②打造工业园区、大型建筑。

图表 9-11 各国评价（应合作国家）

(a) 亚洲	(1) 中国（●），蒙古（○） (2) ASEAN（泰国·马来西亚·新加坡）（○） (3) 韩国（×） (4) 斯里兰卡·印度尼西亚（○）、文莱（？） (5) 菲律宾·孟加拉国·巴基斯坦（○） (6) 越南（◎）、柬埔寨（◎） (7) 印度（●）
(b) 美洲	(1) 美国（◎） (2) 加拿大（◎） (3) 巴西（◎） (4) 墨西哥（○）
(c) 欧洲	(1) 挪威（○） ┐ (2) 丹麦（◎） ┘— 仅限食品 (3) 瑞典（○） (4) 俄罗斯（○）
(d) 大洋洲	(1) 澳大利亚（●） (2) 新西兰（○）
(e) 新兴国家（美国连锁店开拓中）	(1) 以色列 (2) 东欧（波兰） (3) 中东（科威特、巴林、土耳其） (4) 非洲（马达加斯加） (5) 南美（危地马拉、尼加拉瓜、萨尔瓦多、哥斯达黎加）

（4）实权在外资与政治家系的联合大企业，民族系联合大企业不断追击、交替

B. 负面因素

①环境破坏影响加重；

②主要道路、上下水道、电力产业的迟缓；

③物流中心连接系统欠缺；

④意愿和技术的不平衡；

⑤管理能力薄弱。

在这些负面要素当中，第⑤项可以通过选拔当地优秀人才，给予与日本国内优秀人才同等待遇，进行特殊培训加以培养，尤其是前边所述的作为自家子公司的当地开拓公司的干部要员培训是必不可少的。

第

10

章

货源确认的实际情况

1 // 当地商业谈判实务

▓ 可靠的交涉对象

首先，说明货源确认的现状。

正如在第四章中说明的那样，货源确认就是：

①参考商品生产流程，从全球范围内找出具有优势的往来顾客（本公司产品的物产所集中的企业）。

②做进一步的准备，以便应对该公司与本公司的交易数量的急速增加。

这一过程直接左右营业额，也会进一步决定公司的业绩与竞争力。因此对于这个问题，不管是不是连锁店，与流通相关的业者都必须尽全力应对。

这时，重要的是：

（1）首先，收集物产者；

（2）其次，关于食品方面，涉及生产者（农园，产地，加工工厂）；

（3）非食品方面，涉及筹措材料的场所；

（4）工厂、生产机器及其员工。

掌握这四项信息的有推销商中的证券交易商、中介、住宅区买主和地方集散批发商。他们可以寻找能利用的材料和半成品的库存点。

■ 访问计划的制作方法

在进行交涉之后，关于对交易对象的条件，在拙著《进货与筹措》（实务教育出版社）中有详细叙述，可以作为参考。

货源确认的准备似乎需要大量时间，然而实际上，有必要把大量时间用在对当地的调查上。这是因为，调查对象只有以下几项：

①卖主的总店与总公司（×外售营业员、×分店·营业所）。

②卖主的仓库（产品的积压库存和新材料的集聚）和 DC，PC，日用物资供销店。

③产地（季度前的半成品和正在生产中的畅销品的补货）。

④工厂（季度前的半成品和正在生产中的畅销品的补货）。

⑤为了进行新潮流和新技术的研究去访问的四种地点：

A. 试验，研究及检查机关；

B. 示范城市和展示会：加工机械和保存设备（冷冻冷藏），产品加工前的半成品、材料、原料，没有交易记录的制造商、产地、批发商制品（除去正在交易的批发商和制造商的展览会）；

C. 美国连锁店的实情视察：取得畅销商品的样本，发挥开发产品制造国驻日大使馆的作用；

D. 国内 A 级零售卖场（尽量选择标准化的模范卖场）〔熟练之后，要对"实验卖场"做标记〕。

到达产地之后，跟单员应该首先去当地的工商会议所或生产、发货及输出机构。尽量选择协会或发货团体，而不是合作社。这是因为，合作社只会介绍该社最高级别干部的企业。接下来要见的不是董事长或事务局长，而是干事级别或课长级的老成员。需要了解的信息有：产地的集散批发商和住宅区买主，在规模上第一和第二的生产者（工厂），具有中等规模、正在进行新技术开发的生产者（工厂），具有特殊技术的生产者（工厂）四种。另外，只访问一家公司，并不能了解所有信息。

■ 面向日本出口的业者的途径

当地长久面向日本出口的业者，虽然可以轻松地和对方接触，然而通过这种业者与对方接触的做法，并不受连锁店经营者的欢迎。原因如下：

（1）他们以日本的百货店、高级专门店和面向量贩店的批发商为交易对象，在这种交易中占据优势且交易过程简单。

（2）日本一部分零售店的存在使得当地大型店铺等级提升，因此日本人更加认可走高端路线。

（3）日本连锁店各公司的购买能力不甚乐观，因此对每家公司，同一商品都标注同样价格。

（4）面向日本出口的业者给人这样一种形象：虽然声称"品质要求严格"（实则只限于交易对象是日本公司的情况），然而实际上和零售买家的商谈并不严谨。

（5）工业垄断企业把专门出口公司作为其子公司。

另一方面，我们应当接触的面向欧美连锁店的出口业者有以下特征：

（1）合同内容条目划分细致，却又很信任供销员。

（2）非常感谢总部将其培养成独立企业，不会背叛总部

（当然，如果确认日本方面企业确实坚持大众化路线，也会努力与其加强合作）。

（3）对于其他公司的定货情况会严守秘密，不会轻易透露（然而，只要进入工厂或仓库，就能掌握这些情况）。

（4）对于从欧美企业学到的技术秘诀，有的公司会根据销售额的高低，收取专利使用费。

■ 商业谈判的要求事项

在商业谈判中对对方的要求事项如图表 10-1 所示。建议事先打印出要求事项并递交给对方。在谈判当天，如果一开始就通过翻译表明自己的基本要求，对方就不能以随便的回答或玩笑敷衍。这种情况下，如果有对方难以回复的问题，可以请上级的干部出面作出回答，这样，可以在第一轮谈判就步入正轨。

切忌按照日本卖主的介绍进行谈判，因为，如果进入第二轮谈判，对方就会事先准备好信息，结果只会达成一个本方无力反驳的结论。

下面介绍与对方会面之后应调查的事项，有以下四项：

①了解生产者在流通及加工全过程中所处的位置（加工阶段分两次以上进行访问）。

Ⅰ　希望交涉的商品品种
　　①仅限于连锁型零售店及餐饮店用于零售的产品、材料及道具（设备）。
　　②最好是当前正向美国及欧洲连锁店出口的商品。

Ⅱ　希望交涉的商品品质、价格以及努力方向

　　1．价格范围　仅限于预计以 Popular Price 或 Lower Moderate Price 的
　　　　　　　　　零售价在美国销售的商品。
　　　　　　　　　［①避开日本百货商店经营的零售价为 Better Price 或
　　　　　　　　　Upper Moderate Price 的商品。
　　　　　　　　　　②避开国际 Brand（Gucci，Louis Vuitton 等）的授权商
　　　　　　　　　品或其仿制品。］

　　2．用　　途　Everyday Goods（特别是普通家庭必备的、每天反复使用
　　　　　　　　　的商品）。
　　　　　　　　　［避开正式服装、特殊 TPOS 商品、兴趣类商品等。］

　　3．最终客户群 Everyday Goods（大众商品）。
　　　　　　　　　［避开部分特权阶层、大资本家以及高收入者感兴趣的商
　　　　　　　　　品。］

　　4．生　产　量　将来有可能进行 Mass 交易的品目。
　　　　　　　　　［避开无法大量生产的商品。］

　　5．意　　愿　欢迎目前没有出口业绩，但有意愿尝试出口的 Manufacturer
　　　　　　　　　和 Exporter。

　　　　　　　　　①材料集中采购能力
　　　　　　　　　②加工能力
　　　　　　　　　③品质管理能力　　　　　　　　── 若较高则更为理想
　　　　　　　　　④遵照规格书的加工完成度

［寻找客户时避开将面向日本市场生产的既有商品直接出口作为目的的企业］

---

②确认加工能力（技术水准、废品率和加工数量增加的
极限）。

③了解加工前的材料、半成品的入手渠道和能力。

④有偿取得所有产品的样本。

如果买主或供销员没有在访问之后，将在访问地点应调查
的项目提交报告，就会受到商品部长或干部的斥责，并被要求

再度进行访问调查。所以买主或供销员绝对不可以把调查的任务委托给他人。只有本人亲自实地确认，才能称之为真正的货源确认。

■ 商业谈判前的准备

接下来终于到了商业谈判的环节，在此之前应当准备的八个事项如下：

①取得日美两国连锁店 PB 的实物样本。

②调查本公司商品的种类，每年的销售实际成果。

③本公司希望开发的商品种类中的低价格层次的内容（价格、品质和规格）。

④在日本难以入手（或利用）的材料和原材料（在国内没有生产）的名单及其特色的说明。

⑤请产地国家日本驻扎外国公馆的"商务官"介绍推动当地出口的国家，并介绍斡旋机构（半官半民性质）。

⑥制订对当地的货源确认的计划。

⑦把①项中的实物样本带到当地进行货源确认。

⑧准备在商谈开始时交给对方的文件：名片（带有当地语言的翻译）、公司指南、店铺照片剪报（最好带去）。

对供销员和买主，我的忠告有以下四项：

①事先告知零售价格的范围之后进行商谈，中途不妥协。

②要求对方拿出面向欧美连锁店的样本时，一定要支付货款。

③重复试制、试用、试销售之后，逐渐增加订货量（如果一次性确认大量订货，会被对方轻视）。

④事先准备好本公司的数据：商品样品、各品种品目销售的实际数量、成本的季节变动表。

这也是商品部长事先应探讨的事项。

同时，把这些项目付诸行动，必须事先规划好预算，这需要准备三项公司内部说明的项目：

（1）直接进行货源确认的花费（出行费用、购买商品样本所需费用等）。

（2）使用寿命实验、科学检查和试销售的直接花费。

（3）计算所开发商品的价格时，以上花费应为成本的20%以上。

［开始就从一个较大的范围把握（1）和（2）的预算（如果每次实现商品开发都作为新项目计入，会使开发计划受阻）］

然而，决定胜负的关键在于，高层领导每年有一次或两次一起去进行货源确认。如果不能做到，毫无准备就出差的买主就会误认为，自己必须收购一些商品。商品部之外的其他工作人员可能会认为商品部出差机会多，工作轻松，从而产生嫉妒心理，这就容易导致调查，特别是货源确认经费受到限制。

■ 商业谈判中的要求事项

图表 10-2 列出了为了使商业谈判顺利进行，需要事先考虑的要求事项。

我希望读者能清楚了解 2③ 中购买样本数量的计算依据。如果模仿他人，那么至少要为一种商品准备 17 个（套）样品，所需的样本数量要在 100 以上。因此如果买方在当地购买样品，就要事先准备好大型卡车（集装箱）。

另外 3① 也是实际情况。熟练的买方在去外国出差时，会像3② 中所写的那样，大量购买本公司的消耗品和备件。如果购买这些需要一千万日元，每年大约就能节省七百万日元，这对调查出差经费的预算也有利。

图表 10-3 列出了在开始商谈时进行的对话事例。把这些事例通读一遍，就能明白应该掌握什么信息。

令人遗憾的是，如果不把这些事项详细列出来，面对服务

图表 10-2　谈判时的要求事项

1．第 1 阶段的咨询项目
　①经营部门・品种的所有名称
　②生产（加工）的范围
　③供应商的类型
　　(a) Supplier（供应者）　　　　(b) Distributor（分发者）
　　(c) Jobber（批发中介）　　　　(d) Broker（中间商）
　　(e) Residential Buyer（产地采购者）　(f) Manufacturer（制造商）
　④出口（出货）业绩　(a)国名（面向美国・欧洲・澳大利亚出口业绩尤为重要）
　　　　　　　　　　　　［面向日本的出口业绩作为 trade off 的参考即可］
　　　　　　　　　　　(b)实物样品
　⑤优势部门・品种或加工方法的名称
　⑥原因　　　　　　　(1)材料・原料（品质、采购途径以及采购系统）
　　（与同行竞争者比较）(2)加工能力（品质与数量）（设备与员工）
　　　　　　　　　　　(3)储存・运送
　　　　　　　　　　　(4)样品制作（速度与精密程度）
　　　　　　　　　　　(5)出口业绩
　⑦工厂所在地（所有）
　⑧总公司营业所的名单

2．样品购入
　①涵盖对方引以为豪的所有品种
　②向国外连锁店出口过的所有商品
　　（若无法当场购入，则与对方约定事后寄送）
〈花钱购买〉③需要 7 个（枚）、（5kg）以上
　　(1)科学检查 ＝　　　　　　2—3 个　┐7
　　(2)实际测试 ＝　　　　　　2—5 个　┘　　┐17
　　(3)用于搜寻采购的样品 ＝　2—5 个　┐15个┘115
　　(4)作为本公司的保存资料 ＝　1—2 个　┘
　　(5)试售　　　　　　　　　10—100 个

3．要领　①Best 方法是在本公司店铺中尝试销售实物样品（立刻可见端倪）
　　　　②告知财务人员因购买消耗品与备件（建筑材料、文具、袋子、搬运工具、打扫用具、制服、餐具、手推车、购物篮等）导致预算减少，则更容易获得 Sourcing 的经费预算。

4．重点　①考察对方所有的加工商品品种
　　　　　优先考察面向欧美连锁店的商品，出口日本的商品可延后
　　　　　（房间不同的情况较多）
　　　　②按规格书订购时，咨询商品的试制时间
　　　　③制订工厂访问计划　　(1)溯及 2 个以上的加工阶段
　　　　　　　　　　　　　　(2)拜访 2 家（尽可能 3 家）该产地的同行企业
　　　　　　　　　　　　　　　（包括栽培・饲育・养殖池在内）
　　　　④告知对方拜访了其竞争对手的事实，要求对方说明商品的与众不同之处
　　　　⑤咨询对象从工厂出货时的质检方法

5．事后跟踪　①每个月报送本公司的发展状况与畅销商品信息
　　　　　　②每年至少前往对方工厂 4 次进行搜寻采购与试制
　　　　　　③每次前往时进行新商品的搜寻采购
　　　　　　④流程　(1)试制
　　　　　　　　　　(2)检查　┐
　　　　　　　　　　(3)试用　├─反复尝试
　　　　　　　　　　(4)试售　┘

图表 10-3 正式谈判开始时的对话示例

> (1) 我司是日本的 Big Store（大型零售业），行业类型（format）为○○。总部设置在东京（大阪）附近，目前经营○○家（店铺数量）店铺。
>
> (2) 贵司最引以为豪的商品（加工方法）是什么？可以查看实物吗？其优势何在？全年出货量有多少？
>
> (3) 目前是否向国外出口？出口国家是 (a) 美国、(b) 欧洲（EU）、(c) 澳大利亚、(d) 日本吗？主要面向哪一类连锁店呢（是否为零售业）？
>
> ＜若不清楚企业名称，需询问正确的拼写方式，之后再向协调人询问＞
>
> (4) 目前为止出口的商品品种、时间、出口量分别是什么？
>
> (5) 交易是否还在继续？是一次性交易吗？
>
> (6) 请让我们看一下这个品种（加工方法）下的所有品目。
>
> (7) 工厂在哪里？主要从事哪一部分的加工？
>
> (8) 从签约到装船所需的最短时间为？数量为？
>
> (9) 运送方法是什么？装运港口是？
>
> (10) 材料配置是否由贵司负责（从哪里运送）？能否携带？
>
> (11) 为何选择这种材料（对于用户而言的便利之处）？
>
> (12) 我们想在回日本之后进行科学检查、实际试用（或试售），能否购买○件（个、kg）样品？
>
> (13) 样品的（FOB）价格是多少？
>
> (14) 符合规格书的试制品需要多长时间才能拿到？
>
> (15) 关于试制品的交涉·探讨在哪里进行？
>
> (16) 前往加工厂可选的交通方式和所需的时间为？

周到，具有世界第一营业能力的日本大型供应商，调查员总是会被他们牵着鼻子走。所以现实情况就是，调查员得不到根本的信息，在过去数年间，带着惰性和对方进行交易。但是熟读这些注意事项之后，就会明白，最初的（2）（3）（4）的问题才是主题，也是在实际商业谈判时需要注意的几项。

接下来，图表 10-4 列出的是，货源确认调查时提交给总部的调查书应有形式的事例。现实情况确实不尽如人意，调查员提交这样简单的报告书有难度，即使他们与对方多次见面，也只能把很少的几项付诸行动。

图表 10-4　采购调查报告的样式示例

							整理编号		
							_页中的第_页		
		公司名称					评价等级		
合作对象	窗口部门名称			姓名		行业类型			
	TEL			Fax		主力商品或功能			
	所在地			交通方式					

	课题	优势	不足（问题点）
出货能力	当前出货对象		
	特征		
	时限		
	数量		
采购能力	特征		
	材料（原料）		
	合作对象		
加工能力	特征		
	材料（半成品）		
	业务能力		
	加工设备		
	品质管理能力		
	数量扩大能力		

交易条件	结算方法			运输方式	
	金融机构		票据类型	包装方式	
	交涉对象			最小单位	

原价结构	出货时的商品	直接制造（加工）费	开支与利润	营销成本	出货值（按季节·数量·频率区分）	回扣范围

报告制作人	部门		职位		姓名		时间	_年_月_日

■ 选择商品样本的着眼点

关于对方的商品样本选择，着眼点有以下五项：

（1）日本国内没有的产品：特别注意产品之间颜色与外观

264

的差别，以及搭配出彩的商品。

（2）在日本正在减少的品种：蕨粉和竹笋。

（3）品种数量过多的产品（按照 TPOS 类别选择合适产品）：内衣，时尚衣物，化妆用品等（×电视，洗衣机，干电池，军用手套，文具等）。

（4）成批生产时数量少的产品：小型家电，室内装饰品，陶器，家具。

（5）虽然是大量生产，但是在中间阶段赢利多的商品：塑料容器，文具，玩具，自行车，寝具（一部分），基础衣物等。

另外，选择海外国际样本时，应着眼于以下几点：

（1）每家店都要调查（展示的商品只是该店商品的一部分，如果进行全面调查就会有意外收获）。

（2）找到针对一种商品展开竞争的出口厂家，货比三家。

（3）对方上层干部不在时，递交名片之后，询问其返回的时间，再重新访问。和下层人员商谈，很难得到信息。

（4）要求对方拿出商品目录和名片，收到"现在没有样品"的回答时，告知对方自己下榻宾馆的房间号，请求其次日寄送，或者就寄送与对方做好约定。

（5）如果对方是以美国连锁店为交易对象，请求对方带领

自己参观工厂（对方不想使其他人了解工厂情况可能是因为供应商、证券交易商或中间商）

（6）调查连锁店的买主来工厂的频率，通过这一调查可以了解工厂每家连锁店的细致程度。

（7）要求欧美大型连锁店的 PB 生产者提交类似产品的试制品。

事实上，即使是在当地已经多次交涉，经验丰富的四五十岁的跟单员和买主，也有可能没有充分发挥对方作为出口厂家的特性。原因正如上文所述，他们并没有对对方提出必要的问题。而在大多数情况下，对于我所提到的项目，对方本来应该可以对答如流。在实际情况中，为了调查当地情况，本公司的必要资料极为重要，商品部却没有带过去，这就使调查效果甚微。然而，对于在这里写到的内容，欧美连锁店开发进口的专家们都已经在实际调查中付诸行动。

2 // 当地商业谈判的方向

■ 价格和品质相关的商业谈判

即使在同一次商业谈判中，对"价格"和"品质"也需要细致的商讨，所以我在图表10-5和图表10-6中列出了我的方案。

关于价格问题，在日本，因为原本零售价格就偏高，所以在外国的商业谈判中，当对方提出日本价格一半的价格时，没有习惯外国商业谈判的人会立即被吸引。

日本的价格（零售价格）是FOB的十倍，也有人希望把价格降低到日本价格的十分之一。所以，折中考虑，最初可以提出一个不足其五分之一的价格。

关于产品品质，如果不明确表示自己的最低限度，就很难

图表 10-5 价格谈判时的交涉项

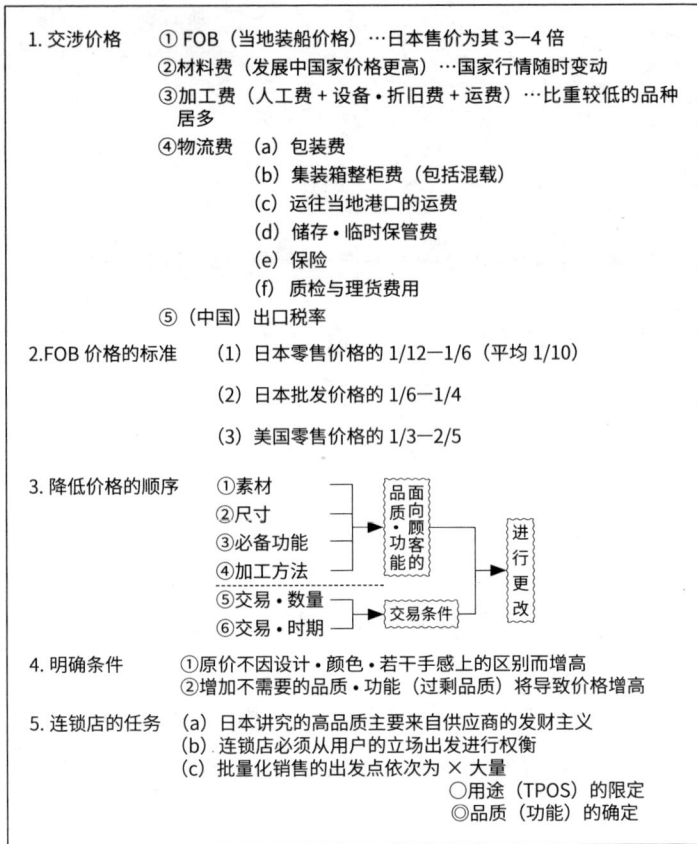

```
1. 交涉价格      ① FOB（当地装船价格）…日本售价为其 3—4 倍
                 ②材料费（发展中国家价格更高）…国家行情随时变动
                 ③加工费（人工费＋设备·折旧费＋运费）…比重较低的品种
                   居多
                 ④物流费   (a) 包装费
                           (b) 集装箱整柜费（包括混载）
                           (c) 运往当地港口的运费
                           (d) 储存·临时保管费
                           (e) 保险
                           (f) 质检与理货费用
                 ⑤（中国）出口税率

2.FOB 价格的标准  (1) 日本零售价格的 1/12—1/6（平均 1/10）
                 (2) 日本批发价格的 1/6—1/4
                 (3) 美国零售价格的 1/3—2/5

3. 降低价格的顺序  ①素材  ┐
                 ②尺寸   ├→ 品面质向·顾功客能的 ┐
                 ③必备功能│                    ├→ 进行更改
                 ④加工方法┘                    │
                 ⑤交易·数量 ┐                  │
                 ⑥交易·时期 ┘→ 交易条件 ──────┘

4. 明确条件      ①原价不因设计·颜色·若干手感上的区别而增高
                 ②增加不需要的品质·功能（过剩品质）将导致价格增高

5. 连锁店的任务   (a) 日本讲究的高品质主要来自供应商的发财主义
                 (b) 连锁店必须从用户的立场出发进行权衡
                 (c) 批量化销售的出发点依次为 × 大量
                           ○用途（TPOS）的限定
                           ◎品质（功能）的确定
```

进行协定。在谈判时，可以用数值来表示，对于检查方法，则需要养成用英语说明的习惯。只是声称"相当好的品质"，并不能决定任何事情。另外，日本人往往有这样的倾向——写明生产者姓名来表示品质，但这只是一种参考信息，并不能作为表示商品品质的手段，"产地品牌"也是如此。

图表 10-6　品质谈判时的交涉项目

1. 基本　　①日本没有的品质与功能
　　　　　　②事先从用户的角度出发，商品的优势 ┐
　　　　　　　　　　　　　　　　　　　　　　　├── 予以明确
　　　　　　　　　　　　　　　　　　　不足 ┘
　　　　　　③告知对方品质下限必须以明确数值和检测方法为前提

2. 品质的评价方法
　　(A) 合法　①禁止进口商品
　　　　　　　② Health= 明确的成分数值 +Open dating+ 有机栽培
　　　　　　　③公众卫生 → HACCP（细菌·病毒·霉菌）
　　(B) 科学检查方法（非食品）
　　　　　　　①物理耐用性（磨耗度、屈伸强度、褶皱度）
　　　　　　　②掉色（褪色、变色）
　　　　　　　③洗涤强度（滚筒式洗衣机 + 电动烘干机）
　　　　　　　　(a) 手感、触感、质感
　　　　　　　　(b) 光泽
　　　　　　　　(c) 弹性　　　 ｜　(d) 柔软度
　　　　　　　　(e) 再生能力　 ｜　(f) 破裂
　　(C) 统一染料（尽量使用美国产）与染色方法
　　(D) 食品　　①香气　　　③味道（1）（美味与否）
　　　　　　　　②风味　　 ｜④味道（2）（口感如何）
　　　　　　　　⑤维持品质的难易程度（应对品质恶化的速度）
　　(E) 非食品　① easy care
　　　　　　　　②储存（保管）
　　　　　　　　③协调搭配（乐趣）→ easy to match
　　(F) 实际试用◎员工自愿制（打折销售）→希望销售时收到大量申请
　　(G) 销售开始后，要求对方就用户提出的不满进行回应

3. 品质的调查项目
　　(A) 非食品　①素材特性（一次加工＞材料＞原料）
　　　　　　　　②加工方法（设备与职工能力）的特征
　　　　　　　　③加工流程的特征
　　　　　　　　④染色方法的特征
　　　　　　　　⑤成型方法的特征
　　　　　　　　⑥加工厂·加工地的特征
　　　　　　　　⑦运送·包装·储存方法的特征
　　(B) 食品　　①种子（基因）
　　　　　　　　②产地（土质·水质）
　　　　　　　　③栽培（露天·温室·肥料）·养殖（海·池·饲料）
　　　　　　　　④收获时熟透·成熟度
　　　　　　　　⑤收获后温度·湿度的即刻管理（之后的急速冷冻措施）
　　　　　　　　⑥运送与储存时的管理
　　　　　　　　⑦添加剂·品质保持剂

4. 品质的交涉项目　　①尺寸（大小）（与其缩小尺寸，不如选择扩大种类）
　　　　　　　　　　　②零售包装的形状与容量（包装地点）
　　　　　　　　　　　③探讨各加工阶段最适合的工厂和地点
　　　　　　　　　　　④运送包装（集装箱混合装载）方法
　　　　　　　　　　　⑤出货时的质检标准与责任人（在允许范围内书面确定）

5. 盲点　　（1）只提优点（不存在完美商品）
　　　　　　（2）忽略实物样品的考察
[向顾客强行推销时的理由往往是日本原有的商品知识]

关于染色的事项则特别标注在图表 10-6 的 2（C）项。美国和德国的染料为 A 级水平，达到了世界水准。颜色的样本是必须有的，同时要注意必须是同样的材质，染料的商品号和染色方法也应当包括在契约书中。如果没有注意到这些事项，在今后发生争执的时候，会使问题迟迟得不到解决。

商定（D）中①—④项最为困难。（F）和（G）也是不可忽视的项目。项目 3 即使在第一次谈判中难以决定，也可以在多次交涉过程中逐步补充到项目中。对于项目 3，如果没有真正的商业知识，就很容易被对方迷惑，即使在国内的交易中，只要是与商品品质相关的问题，对于这一项，就应该追究到底。即使在平时的购买活动中，也应当作为一种知识来了解。项目 4 和 5 是我们从经验中总结出来的，只有把商业谈判细化到这些项目，才能称之为"高明的进货"。

■ 视察工厂时

接下来介绍访问工厂时应当注意的问题点。

这些问题可以参照图表 10-7。首先，收集产地信息。其次，询问的项目包括需要自己亲自确认的项目和需要询问对方的项目，应该把这些项目在一张名单上列出来后再出发。而且这种

图表 10-7　工厂视察的要点

1．产地	①事先从当地的主要生产商 directory（企业名录等）中进行挑选，列出清单 ②事先向当地的出口代理机构（中国的出口公司）及生产者组织了解咨询 ③前往当地事务所进行访问，接触主要生产商

2．咨询	①为哪一家连锁企业供应零售商品？ ②贵公司引以为豪的产品＋引以为豪的原因（与其他公司比较） 　　(a) 材料·原料　　　　　　(b) 工序 　　(c) 加工方法（设备与员工的能力）(d) 原价的结构 　　(e) 环境 ③不良品率（针对品质管理的特殊措施） ④每年生产高峰时的生产量 ⑤淡季是什么时候？ ⑥追加生产需要多长时间（实绩）？ ⑦运输港口是（是否面向日本）？ ⑧到达港口的运送方式是？ ⑨连锁店的采购人员（a）是否来过？（b）最近何时来过？ ⑩扩大计划是？质与量会相应地发生何种变化？ ⑪改善计划是？质与量会相应地发生何种变化？ ⑫是否进行成本管理（减少对策）上的努力？ ⑬是否打算接受日本生产管理指导？能否向日本派遣技术人员？ ⑭欧美连锁店与日本产品在规格上的区别（权衡的实例） ⑮行情上涨的原材料

3．需要亲眼确认的内容	(a) 物	①材料库存 ②半成品库存 ③加工中的品目 ④其品牌名称 ⑤产品库存 ⑥出货包装 ⑦半成品
	(b) 场	①清洁 ②整顿 ③加工流程（工序） ④手动加工的范围　　⑥加工效率 ⑤加工技术水准 ⑦品质管理设备（温度、湿度管理与过程中的质检系统） ⑧职场环境
	(c) 人	①员工的作业（行动）方式 ②管理者的见识与风格 ③员工宿舍与食堂

4．提出期望	(1)同时追加生产商品的可能性 (2)来日本学习技术 (3)加工能力扩大中期（3—5 年）计划的内容 (4)委托投诉处理的中介、仲裁

名单，访问地的每家工厂都需要准备一张，每次出差都需要十张以上。另外，这些清单可以显示出你对加工基础知识了解的水平，因此，很有必要在开发进口之前，多浏览日本国内材料与加工机械的国际样本市场。如果能了解一些硬件，就可以在当地就机械制造者的名字谈一下自己的感想。

在这些调查项目中，我认为最重要的是 4。(1)(2) 与其说是提问，不如说是对于对方的要求比较恰当，因此不用担心提出这些要求是否过分，清楚说明这些要求的话，对方也会同意。按照我至今的经验，从来没有过这种要求被拒绝的经历。即使在条约上写明"不可以透漏给其他公司""不可转让"，也可以从对方得到一百个样品，这是业界的常规。来日本学习技术也是被许可的，还可以有更大的收获。

■ 如何发挥翻译的作用

翻译的使用可能是一个不为人知的盲点，然而，依据翻译能力的高低，商业谈判的质量也会有很大变化，结果甚至可能有天壤之别。

跟单员和买主中的能手善于发挥翻译的作用。即使买主能够用对方国家语言的对话，也不能自己亲自上阵。通过翻译可

CIF
到岸价格，货物到达进口目的港
口进行交货时的价格。

以争取到充分考虑对方主张的时间，转换说明方法，也可以使
自己原本的要求更容易达成，这是我在做新闻记者时积累的经
验。即使能够听懂英语也要采用翻译，这是高级交涉和调查的
一个技巧。

以削减成本为由，买主三人配备一名翻译的情况时有发生，
这会使短时间内收集信息更加困难。因此，应该每一名买主都
配备一名翻译，当然，访问工厂时也是如此。

如果即使配备翻译，商谈进展也不顺利，这大多是因为没
有事先对翻译说明自己方面的情况。因此，一定要完成以下
七项：

（1）在商业谈判或访问之前让翻译完全理解以下内容：①
本公司的安排；②本公司商品的特色（重点）；③商业谈判的目
的（重点）；④必须摆明的条件；⑤简单的专业用语：FOB 和
CIF、物流、装船、单位（一套，一吨，一千克，一个，一米，
一打）、商品样本。

（2）让其采用简洁明快、连贯的日语进行翻译。

a. 请问是……吗？

b. 它具有什么特色呢？

（3）在翻译不流畅或一部分内容被省略时暂停，然后分成

短句逐句翻译。

（4）不能让其翻译正在考虑中的内容。

（5）对方使用英语单词时，让其按原文翻译。没有听清楚的话，可以让对方写下英文的拼写，不可以胡乱翻译。

（6）数字和专有名词，一定要让翻译记笔记或让对方写下来。

（7）物色当地的优秀人才（标明学历和大学的质量）。

如（7）中所示的高学历且毕业大学质量高的优秀当地翻译，可以发掘为商品部的助手，并作为开拓当地公司的重要组成人员，在他们之中，也有人成为一般管理职位人员，因为在大规模的样本市场中，有时会有精英，甚至大学教授来担任翻译。

在进口开发已经步入正轨的日本零售业和 FS 产业中，在当地被发掘后录用到商品部的人才正日益增多。

■ 生产地评价的标准

通过我多年进行开发进口的指导，可以总结出，对于连锁店有利的生产地具备以下四个条件：

①知道与连锁店相符的品质是什么。

②了解大众体系，能够进行品质管理。

③可以公正且迅速地处理顾客投诉。

④能够筹集原材料。

判断是否满足以上四个条件，需要了解：

（1）欧美的连锁店作为生产基地，对生产进行了多长时间的指导。

（2）政府及其外围团体是否能够进行顾客投诉的责任指导。

（3）国民总体意见或舆论，对于对日出口持积极态度还是消极态度。

然而很多日本人会在新闻媒体错误说明的影响下，对生产地进行评价。

最容易产生的错觉就是，认为某国用人经费低。然而事实上，在这些国家，往往有这样的情况：①零售价格中的制造成本中，"产品加工的用人经费"只占不足5%。②工资水平低的国家，员工多为低学历且培训有难度（除中国），没有生产管理能力和把产品大众化的能力。

其次，深信在面向日本出口方面取得一定成绩的国家，对自己有利。这仅限于日本的百货店，面向高级"专门店"的中等价位和高等价位的产品，法国、意大利和英国就是例子。这和美国连锁店作为主要商品销售的，价格容易接受的产品有着很大差别。

也有人会被成交价格低廉的国家吸引，这些国家多在地球的另一侧。实际进行交易之后就会发现：①该国的物流费用，②运送到日本所需运费，③高关税，④在日本国内所需运费，⑤在日本国内保存所需费用，⑥手续费等间接成本是很大的开支，这种情况并不稀奇。

另外，许多日本的买主以为，一次大量订货的话会比较便宜，这也是一种错误想法。即使每次的交易量少，每年的交易量和每年增加的交易量会成为降低价格的关键。尽管如此，也不要忘记，样品的交易不会大幅变化。希望读者不要忘记我重复说明的一点——只有经过检查、试用、试销售、试制的多次重复，才能逐渐把产品推向大众。

■ 开发进口小组成员报告

在图表 10-8 中，我们总结了一份报告，它记录了参加我们开发进口团队的买主的反省和欣喜。大家都在为学到了新的知识感到高兴。这不仅仅是因为大家参与到了活动中，更因为从经验法则中学到了行动原则并付诸实践。因此，本书应该对您有所帮助。

图表 10-8　开发进口小组成员的报告

A . 反省	①缺乏真正的商品知识
	（1）成本（区分材料费、加工费、物流费以及手续费）
	（2）品质・功能（用户重视的优点）
	②过去的做法是将采购・原料搜寻（全权委托品质与价格）全权委托供应商（批发商）
	③发现本公司的采购价格是生产国当地 FOB 价格的 6 倍至 12 倍
	④未前往生产现场实地考察
	（1）不可由供应商介绍
	（2）不可止步于当地营业所
	（3）每年必须前往工厂数次
	⑤签订一次性大量（1 季度）订购合同
B . 技术性措施	①每年至少拜访原产国 2 次以上
	②不经过供应商，必须溯及最终加工阶段（纵向深入）进行 vertical 式交易
	③通过规格书重新确定商品的性质・功能→从用户的立场出发，重新审视必要的品质（trade off）
	④构建用于追求基础品目的信息收集系统
	⑤做好构建畅销商品紧急追加生产体制的准备
	（构建 Jobber、Broker、Residential Buyer、Supplier 网络）
C . 基础强化	①制定核心商品策略（PB・SB 大作战）
	②重新组建商品营销部门（将跟单员从采购人员中分离）
	③制定采购所需的经费预算
	④美国连锁店的 PB 实物研究
	⑤日本采购团的美国连锁店考察研讨会
	⑥参加日本采购团的开发进口现场研讨会选拔
D . 决定性因素	公司高层的鼎力支持

"服务的细节" 系列

《卖得好的陈列》：日本"卖场设计第一人"永岛幸夫
定价：26.00元

《为何顾客会在店里生气》：家电卖场销售人员必读
定价：26.00元

《完全餐饮店》：一本旨在长期适用的餐饮店经营实务书
定价：32.00元

《完全商品陈列115例》：畅销的陈列就是将消费心理可视化
定价：30.00元

《让顾客爱上店铺1——东急手创馆》：零售业的非一般热销秘诀
定价：29.00元

《如何让顾客的不满产生利润》：重印25次之多的服务学经典著作
定价：29.00元

《新川服务圣经——餐饮店员工必学的52条待客之道》：日本"服务之神"新川义弘亲授服务论
定价：23.00元

《让顾客爱上店铺2——三宅一生》：日本最著名奢侈品品牌、时尚设计与商业活动完美平衡的典范
定价：28.00元

《摸过顾客的脚才能卖对鞋》：你所不知道的服务技巧，鞋子卖场销售的第一本书
定价：22.00 元

《繁荣店的问卷调查术》：成就服务业旺铺的问卷调查术
定价：26.00 元

《菜鸟餐饮店 30 天繁荣记》：帮助无数经营不善的店铺起死回生的日本餐饮第一顾问
定价：28.00 元

《最勾引顾客的招牌》：成功的招牌是最好的营销，好招牌分分钟替你召顾客！
定价：36.00 元

《会切西红柿，就能做餐饮》：没有比餐饮更好做的卖卖！ 饭店经营的"用户体验学"。
定价：28.00 元

《制造型零售业——7-ELEVEn 的服务升级》：看日本人如何将美国人经营破产的便利店打造为全球连锁便利店 NO.1！
定价：38.00 元

《店铺防盗》：7 大步骤消灭外盗，11 种方法杜绝内盗，最强大店铺防盗书！

定价：28.00 元

《中小企业自媒体集客术》：教你玩转拉动型销售的 7 大自媒体集客工具，让顾客主动找上门！

定价：36.00 元

《敢挑选顾客的店铺才能赚钱》：日本店铺招牌设计第一人亲授打造各行业旺铺的真实成功案例

定价：32.00 元

《餐饮店投诉应对术》：日本 23 家顶级餐饮集团投诉应对标准手册，迄今为止最全面最权威最专业的餐饮业投诉应对书。

定价：28.00 元

《大数据时代的社区小店》：大数据的小店实践先驱者、海尔电器的日本教练传授小店经营的数据之道

定价：28.00 元

《线下体验店》：日本 "体验式销售法"第一人教你如何赋予 O2O 最完美的着地！

定价：32.00 元

《医患纠纷解决术》：日本医疗服务第一指导书，医院管理层、医疗一线人员必读书！ 医护专业入职必备！
定价：38.00 元

《迪士尼店长心法》：让迪士尼主题乐园里的餐饮店、零售店、酒店的服务成为公认第一的，不是硬件设施，而是店长的思维方式。
定价：28.00 元

《女装经营圣经》：上市一周就登上日本亚马逊畅销榜的女装成功经营学，中文版本终于面世！
定价：36.00 元

《医师接诊艺术》：2 秒速读患者表情，快速建立新赖关系！ 日本国宝级医生日野原重明先生重磅推荐！
定价：36.00 元

《超人气餐饮店促销大全》：图解型最完全实战型促销书，200 个历经检验的餐饮店促销成功案例，全方位深挖能让顾客进店的每一个突破点！
定价：46.80 元

《服务的初心》：服务的对象十人百样，服务的方式千变万化，唯有，初心不改！
定价：39.80 元

《最强导购成交术》：解决导购员最头疼的 55 个问题，快速提升成交率！
定价：36.00 元

《帝国酒店——恰到好处的服务》：日本第一国宾馆的 5 秒钟魅力神话，据说每一位客人都想再来一次！
定价：33.00 元

《餐饮店长如何带队伍》：解决餐饮店长头疼的问题——员工力！ 让团队帮你去赚钱！
定价：36.00 元

《漫画餐饮店经营》：老板、店长、厨师必须直面的 25 个营业额下降、顾客流失的场景
定价：36.00 元

《店铺服务体验师报告》：揭发你习以为常的待客漏洞 深挖你见怪不怪的服务死角 50 个客户极致体验法则
定价：38.00 元

《餐饮店超低风险运营策略》：致餐饮业有志创业者 & 计划扩大规模的经营者 & 与低迷经营苦战的管理者的最强支援书
定价：42.00 元

《零售现场力》：全世界销售额第一名的三越伊势丹董事长经营思想之集大成，不仅仅是零售业，对整个服务业来说，现场力都是第一要素。
定价：38.00 元

《别人家的店为什么卖得好》：畅销商品、人气旺铺的销售秘密到底在哪里？ 到底应该怎么学？ 人人都能玩得转的超简明 MBA
定价：38.00 元

《顶级销售员做单训练》：世界超级销售员亲自做单心得，亲手培养出数千名优秀销售员！ 日文原版自出版后每月加印 3 次，销售人员做单必备。
定价：38.00 元

《店长手绘 POP 引流术》：专治"顾客门前走，就是不进门"，让你顾客盈门、营业额不断上涨的 POP 引流术！
定价：39.80 元

《不懂大数据，怎么做餐饮？》：餐饮店倒闭的最大原因就是"讨厌数据的糊涂账"经营模式。
定价：38.00 元

《零售店长就该这么干》：电商时代的实体店长自我变革。
定价：38.00 元

《生鲜超市工作手册蔬果篇》：海量
图解日本生鲜超市先进管理技能
定价：38.00 元

《生鲜超市工作手册肉禽篇》：海量
图解日本生鲜超市先进管理技能
定价：38.00 元

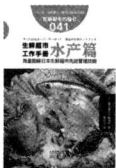

《生鲜超市工作手册水产篇》：海量
图解日本生鲜超市先进管理技能
定价：38.00 元

《生鲜超市工作手册日配篇》：海量
图解日本生鲜超市先进管理技能
定价：38.00 元

《生鲜超市工作手册副食调料篇》：
海量图解日本生鲜超市先进管理技能
定价：48.00 元

《生鲜超市工作手册 POP 篇》：海量
图解日本生鲜超市先进管理技能
定价：38.00 元

《日本新干线 7 分钟清扫奇迹》：我们
的商品不是清扫，而是"旅途的回忆"
定价：39.80 元

《像顾客一样思考》：不懂你，怎
样搞定你？
定价：38.00 元

《好服务是设计出来的》：设计，是对服务的思考
定价：38.00 元

《让头回客成为回头客》：回头客才是企业持续盈利的基石
定价：38.00 元

《餐饮连锁这样做》：日本餐饮连锁店经营指导第一人
定价：39.00 元

《养老院长的 12 堂管理辅导课》：90%的养老院长管理烦恼在这里都能找到答案
定价：39.80 元

《大数据时代的医疗革命》：不放过每一个数据，不轻视每一个偶然
定价：38.00 元

《如何战胜竞争店》：在众多同类型店铺中脱颖而出
定价：38.00 元

《这样打造一流卖场》：能让顾客快乐购物的才是一流卖场
定价：38.00 元

《店长促销烦恼急救箱》：经营者、店长、店员都必读的"经营学问书"
定价：38.00 元

《餐饮店爆品打造与集客法则》：迅速提高营业额的"五感菜品"与"集客步骤"
定价：58.00 元

《赚钱美发店的经营学问》：一本书全方位掌握一流美发店经营知识
定价：52.00 元

《新零售全渠道战略》：让顾客认识到"这家店真好，可以随时随地下单、取货"
定价：48.00 元

《良医有道：成为好医生的 100 个指路牌》：做医生，走经由"救治和帮助别人而使自己圆满"的道路
定价：58.00 元

《口腔诊所经营 88 法则》：引领数百家口腔诊所走向成功的日本口腔经营之神的策略
定价：45.00 元

《来自 2 万名店长的餐饮投诉应对术》：如何搞定世界上最挑剔的顾客
定价：48.00 元

《超市经营数据分析、管理指南》：来自日本的超市精细化管理实操读本
定价：60.00 元

《超市管理者现场工作指南》：来自日本的超市精细化管理实操读本
定价：60.00 元

《超市投诉现场应对指南》： 来自日本的超市精细化管理实操读本

定价： 60.00 元

《超市现场陈列与展示指南》

定价： 60.00 元

《向日本超市店长学习合法经营之道》

定价： 78.00 元

《让食品网店销售额增加 10 倍的技巧》

定价： 68.00 元

《让顾客不请自来！ 卖场打造 84 法则》

定价： 68.00 元

《有趣就畅销！ 商品陈列 99 法则》

定价： 68.00 元

《成为区域旺店第一步——竞争店调查》

定价： 68.00 元

《餐饮店如何打造获利菜单》

定价： 68.00 元

《日本家具 & 家居零售巨头 NITORI 的成功五原则》
定价： 58.00 元

《咖啡店卖的并不是咖啡》
定价： 68.00 元

《革新餐饮业态： 胡椒厨房创始人的突破之道》
定价： 58.00 元

《餐饮店简单改换门面， 就能增加新顾客》
定价： 68.00 元

《让 POP 会讲故事， 商品就能卖得好》
定价： 68.00 元

《经营自有品牌： 来自欧美市场的实践与调查》
定价： 78.00 元

《卖场数据化经营》
定价： 58.00 元

《超市店长工作术》
定价： 58.00 元

《习惯购买的力量》
定价： 68.00 元

《7-ELEVEn 的订货力》
定价： 58.00 元

《与零售巨头亚马逊共生》
定价： 58.00 元

《下一代零售连锁的 7 个经营思路》
定价： 68.00 元

《唤起感动： 丽思卡尔顿酒店"不可思议" 的服务》
定价： 58.00 元

《7-ELEVEn 物流秘籍》
定价： 68.00 元

《价格坚挺， 精品超市的经营秘诀》
定价： 58.00 元

《超市转型： 做顾客的饮食生活规划师》
定价： 68.00 元

更多本系列精品图书，敬请期待！

图字：01-2019-1465 号

CHAIN STORE NO SHOHIN KAIHATSU
KOREKARA NO KAKU SHOHIN KIKAKU TO URESUJI ZUKURI NO KIHON
Copyright © Shunichi Atsumi, Taeko Sakurai 2010
Chinese translation rights in simplified characters arranged with
Diamond Retail Media through Japan UNI Agency, Inc., Tokyo

中文简体字版专有权属东方出版社

图书在版编目（CIP）数据

连锁店商品开发／（日）渥美俊一，（日）樱井多惠子 著；金好来商学院 译. —北京：东方
出版社，2019.6
（服务的细节；087）
ISBN 978-7-5207-1062-6

Ⅰ.①连… Ⅱ.①渥… ②樱… ③金… Ⅲ.①连锁店—商品—开发 Ⅳ.①F717.6

中国版本图书馆 CIP 数据核字（2019）第 114941 号

服务的细节 087：连锁店商品开发
（FUWU DE XIJIE 087：LIANSUODIAN SHANGPIN KAIFA）

作　　者：[日] 渥美俊一　樱井多惠子
译　　者：金好来商学院
责任编辑：崔雁行　高琛倩
出　　版：东方出版社
发　　行：人民东方出版传媒有限公司
地　　址：北京市朝阳区西坝河北里 51 号
邮　　编：100028
印　　刷：三河市中晟雅豪印务有限公司
版　　次：2019 年 7 月第 1 版
印　　次：2019 年 7 月第 1 次印刷
开　　本：880 毫米×1230 毫米　1/32
印　　张：9.625
字　　数：175 千字
书　　号：ISBN 978-7-5207-1062-6
定　　价：68.00 元
发行电话：（010）85924663　85924644　85924641

版权所有，违者必究
如有印装质量问题，我社负责调换，请拨打电话：（010）85924602　85924603